Rumbo al Norte

"Heading North"

Reflexiones sobre una transición profesional
de Latinoamérica a Norteamérica

Rumbo al Norte

"Heading North"

Reflexiones sobre una transición profesional
de Latinoamérica a Norteamérica

Manuel L. Herrera

RUMBO AL NORTE
REFLEXIONES SOBRE UNA TRANSICIÓN PROFESIONAL
DE LATINOAMÉRICA A NORTEAMÉRICA

iUniverse books may be ordered through booksellers or by contacting:

iUniverse
1663 Liberty Drive
Bloomington, IN 47403
www.iuniverse.com
1-800-Authors (1-800-288-4677)

ISBN: 978-1-4917-5511-2 (sc)
ISBN: 978-1-4917-5512-9 (e)

Printed in the United States of America.

iUniverse rev. date: 12/10/2014

Dedicado a Darly, que hace que todo sea posible... y a Juan Manuel y Valentina que llevan el futuro en sus manos...

CONTENIDO

INTRODUCCIÓN

Rumbo al Norte trata sobre los diferentes aspectos que merecen atención especial para un profesional hispano, al momento de trabajar y vivir en Norteamérica. El foco se coloca en aquellos aspectos que tienen el más alto contraste con las culturas del país de origen. Este texto se escribe luego de la experiencia personal de un profesional que captura aquellos aspectos culturales que resultan de alto contraste durante los primeros 3 años de iniciado el proceso de cambio. Naturalmente y con el paso del tiempo, luego de 7 años el contraste disminuye y tiende a producirse la adaptación. Algunos autores indican 10 años como el momento donde se deja de ser un "new comer". Es por ello que el periodo inicial es clave para observar y compartir, y de esta manera proporcionar un punto de vista a las personas que buscan adaptarse mejor. El libro también proporciona al lector algunas reflexiones y áreas de atención que pueden servir de guía para enfrentar los retos de la vida cotidiana y profesional.

El área geográfica donde se desarrollan las observaciones y notas es principalmente Canadá y en menor grado el Noreste de los Estados Unidos. En algunos capítulos nos apoyamos en historias de un personaje ficticio al que llamamos José. Como referencia, José trabajo en Latinoamérica por 12 años en una empresa global en Venezuela. Esta compañía opera con oficinas regionales en toda Latinoamérica. Durante su carrera José ha tenido jefes Mexicanos, Costarricenses, Venezolanos, Colombianos, Puertorriqueños y Chilenos. Esto contribuyo a proporcionarle a José una visión de la gerencia corporativa latinoamericana y el estilo hispano de la gerencia. Luego de esta experiencia, José aplica para una transferencia dentro de la misma compañía a las oficinas de Toronto, para tomar un cargo con rango de acción regional que cubre Canadá y el Noreste de Los Estados Unidos.

La escuela gerencial de Latinoamérica proviene principalmente de Los Estados Unidos, Europa y Japón. El desarrollo que se ha alcanzado en la región latinoamericana está estrechamente relacionado a la acción de las empresas multinacionales. Adicionalmente, todos los libros, teorías, expertos y modelos de negocios, han venido del Norte. Muchos de los profesionales en Latinoamérica han sido formados en Universidades norteamericanas o europeas. En su defecto, han sido formadas en universidades locales que han copiado estos modelos educativos y han generado centros de estudio de primera línea que siguen de alguna manera un modelo proveniente del norte. Son referenciados dentro de las casas de estudio en Latinoamérica el método Harvard de casos de estudios, la escuela de economía de Chicago, el método Toyota, etc. Esto hace al profesional en Latinoamérica un automático admirador del mundo desarrollado. Es por esto que en el momento que un profesional hispano recibe la noticia de que va a trabajar en Norteamérica, esto genera las más altas expectativas en la persona.

En paralelo al mundo profesional y de negocios, tenemos el fenómeno del mundo de los deportes. Los mejores jugadores de la región suramericana son seleccionados para ir a las grandes ligas o clubes internacionales; ejemplo de esto es el béisbol y el futbol. En el mundo del deporte esto significa un verdadero cambio de vida. La persona "la saco de jonrón" en el momento que firma con un equipo en Los Estados Unidos o cuando los jugadores de futbol firman con los grandes clubes de Europa. Este fenómeno alimenta los sueños de miles de jóvenes en los países del sur.

Las causas del porque la región Latinoamericana ha fallado tan gravemente en la generación de expectativas de calidad vida y sociedades justas de igualdad ante la ley son un tema digno de un libro en sí mismo y algo sobre lo que las personas en posición de liderazgo en Suramérica deben examinar.

El foco del libro es el ambiente profesional y corporativo, donde se va a contrastar las expectativas con la realidad. Cuando los profesionales llegan y empieza a trabajar en el nuevo mundo, encuentran que algunas cosas eran exactamente como lo esperaban, otras mejores y otras, no en menor grado, peores. Los profesionales armados con sentido común, herramientas e inteligencia tienen gran capacidad de adaptación. Sin embargo, al mismo tiempo son humanos y comienzan a experimentar confusión cuando surgen aspectos desconocidos y nuevos, para los cuales se debe proceder de manera diferente, con nuevas habilidades y nuevas maneras de ver las cosas. Muchas de las historias con comentarios negativos que se habían escuchado, comienzan a hacer sentido con el tiempo.

El contenido del libro y las reflexiones reseñadas son el resultado de un caso individual de la vida real al que hemos sacado todo el provecho por la gran cantidad de notas y observaciones. Muchas de estas provienen del diario personal del autor, que se convirtió en compañero inseparable durante el proceso de cambio. Los nombres de personas y lugares son ficticios, pero las historias y notas reflejan alguna situación de la vida real.

El autor ha tratado de capturar la mayor cantidad de aspectos culturales, técnicos, profesionales y sociales que experimentan las personas en los primeros años. Las emociones son importantes, porque sirven de guía en el proceso de adaptación y disparan las alarmas al encontrarnos con situaciones extrañas y diferentes a las cuales los profesionales vienen acostumbrados. Es el balance entre emoción y razón lo que le permitirá a la persona tomar mejores decisiones. Los profesionales hispanos verán como la parte racional se empieza a desarrollar y se genera un mejor balance entre ambos aspectos de la persona.

Debemos aclarar que las reflexiones y el contenido en general no provienen de un estudio científico que busca cubrir un amplio aspecto de las experiencias migratorias. Se centran en la perspectiva de un profesional de nivel medio. Son las observaciones de una sola persona quien durante tres años se convirtió en un observador de sí mismo y dedico el tiempo para documentar la experiencia.

No se cubre la experiencia de ejecutivos expatriados de alto nivel, inversionistas, deportistas, etc. Sin embargo, pensamos que algunas reflexiones son de aplicación universal y sirven para todos.

El libro está dividido en 9 capítulos, organizados en orden de importancia hasta los tres primeros. Ética, valor del dinero y el tiempo y el nivel profesional son considerados los tres aspectos más importantes para los primeros años. La razón radica en que al fallar en uno de estos, se puede tener una terminación brusca de la carrera profesional en Norteamérica. Del capítulo 4 en adelante, todos y cada uno de estos temas suman y ayudan a mantener un buen desempeño y a construir la confianza y reputación necesaria para crecer. Adicional a las recomendaciones laborales y profesionales, se incluyen aspectos de la vida personal y familiar. Es importante recordar que es muy difícil separar lo profesional de lo personal. El éxito a largo plazo se logra al mantener un equilibrio de todas las partes en movimiento, esto es lo que permite que las cosas sean sostenibles.

Al final de cada capítulo resumimos los mensajes importantes en la sección llamada recuerde. También incluimos lecturas recomendadas y algunas citas de personajes relevantes o textos de la cultura norteamericana y del mundo. La idea de las citas es comunicar un pensamiento que resume mucha sabiduría en una sola oración; las citas también son reflejos de la actitud y de la cultura de aquellas personas que han definido por medio de su acción la identidad de la región. El entender y reflexionar sobre la experiencia de otros, ayuda enormemente a la adaptación.

Esperamos que este libro le sea ante todo de utilidad. La experiencia de vivir y trabajar en otro país es verdaderamente enriquecedora para las personas que están en la búsqueda de aprendizajes y crecimiento personal. No en menor grado es una experiencia riesgosa, por el hecho de que se enfrentan a amenazas antes no conocidas, de las cuales las personas no se han documentado adecuadamente y las expectativas crean mucha distorsión. Adicionalmente todas las cualidades de la persona son puestas a pruebas. Hay algunos retos que suelen tomar a las personas por sorpresa, una vez que están con los dos pies metidos en el ruedo. La capacidad de adaptación, la flexibilidad, una visión positiva del futuro y la fe, serán elementos claves para emprender su viaje y llegar con éxito a su destino.

CAPÍTULO 1

Ética e integridad

Entender la ética de la región debe ser la prioridad número uno al momento de procesar la nueva cultura. Por temas de ética es común encontrar historias de persona que han perdido sus trabajos de manera instantánea y con un mínimo de averiguaciones. Solo basta una prueba de una violación del código de conducta de la empresa, para que el profesional recién llegado pueda perder su trabajo. El código de conducta incluye desde elementos relativamente sencillos como reportes de gastos y regalos corporativos hasta los temas relacionados con confidencialidad, adjudicación y cumplimiento de contratos y el manejo del presupuesto.

A continuación compartimos una historia que refleja una típica reunión de trabajo donde se toca el tema relativo al código de conducta. Esta historia también sirve para crear una idea de lo que es un típico ambiente de trabajo en Norteamérica. Muestra aspectos del trabajo remoto (virtual), equipos multiculturales (diversidad) y la formalidad en algunas reuniones de trabajo. Esta historia servirá de referencia para el resto de los capítulos y también ayudara a ilustrar la importancia de los temas relativos a la ética e integridad.

Eran las 3:30 pm y José acaba de conectarse a la teleconferencia para revisar los resultados mensuales del departamento. En la línea se encuentra Bob, quien es el gerente del área y está basado en la ciudad de New York tercer piso, John quien se conecta desde Columbus, Ohio, Hicham ubicado también en New York, pero en el 5to piso, Shiva ubicado en la costa Oeste de Canadá, Sandra Rogers, Stephanie y Tomo también en New York. El equipo es diverso: las personas son nacidas en India, Nigeria, Estados Unidos, Las Filipinas y Venezuela. La reunión transcurre por teleconferencia y hay láminas en *on-line meeting* que dirige Bob y todos los participantes ven desde sus laptops donde sea que estén.

Luego de confirmar los asistentes, se hace el comentario de rigor: por favor pongan el teléfono en *mute*; luego la reunión prosigue de manera ordenada, comenzando por los puntos pendientes de la reunión anterior (*open action ítems*). En caso de haber algún miembro nuevo del equipo, suele presentarse de entrada. Luego de revisar los temas pendientes, el grupo se turna para presentar diferentes tópicos de interés. El estilo de Bob es participativo, estructurado y muy respetuoso. Bob no pretende ser el centro permanente de la reunión, sino actuar más bien como el director de una orquesta, que con minuciosidad se asegura que todos participen y comuniquen sus logros, preguntas o inquietudes.

Bob es un gerente enfocado en el desarrollo de procesos, estandarizarlos y medir los resultados, los cuales son los que cuentan toda la historia para Bob. Este gerente norteamericano, también maneja uno de los equipos más diversos de la Compañía y lo hace de manera ejemplar. Su secreto: los procedimientos y reglas están claramente establecidos, así como la manera de medir el desempeño de los miembros del equipo. Estas reglas aplican a todos por igual; también Bob pone gran esfuerzo en ubicar y contratar a los mejor calificados para hacer el trabajo, sin importar de donde vengan, raza, orientación sexual o religión. Es un departamento muy profesional y que presenta un alto desempeño y excelente reputación dentro de la Compañía.

Luego de una hora, Bob llega al último punto de la agenda: los reportes de gastos. Aquí comienza por enfatizar que se han publicado nuevas políticas de viajes y que todo el equipo debe leerlas, entenderlas y asegurarse de cumplirlas. Todos los miembros del equipo disponen de una tarjeta corporativa la cual usan para comprar boletos de avión, pagar hoteles, alquiler de carro y hasta pagar el café y *snack*. Luego de un mes de viajes, las cuentas en las tarjetas corporativas pueden estar en el orden de los 4000 dólares, dependiendo del nivel de actividad. Los reportes de gastos no son revisados para ser pagados, es decir el empleado llena el reporte on-line, escanea las facturas para enviar electrónicamente y luego el sistema paga automáticamente al banco. Las revisiones son posteriores por medio de auditoria.

Bob luego de explicar los cambios en la política le comenta al grupo: no quisiera ver a ninguno de ustedes teniendo que dar explicaciones sobre algún gasto dudoso o violación de la política. La compañía mantiene una posición de tolerancia cero para fraudes en este tema. Si sospechamos y se demuestra que hubo una violación de las políticas de viajes, esto puede costarles su trabajo. Faltas como colocar gasolina a un carro personal, pagar comidas fuera de los límites de lo que es considerado tiempo de viaje o invitar personas a comidas que no están relacionadas con el negocio, son consideradas violaciones graves del código de conducta. Esta fue la primera y única vez en dos años que Bob se refirió a su equipo sobre situaciones pudieran resultar en un despido.

La visión Norteamericana de la ética es más severa que la que se tiene en Latinoamérica; el área indefinida en Norteamérica es bastante más estrecha. El cumplimiento de las normas suele ser visto más en blanco y negro y el desconocimiento de una norma no justifica el incumplimiento. La expectativa es que las personas pregunten y se documenten con anterioridad. Esto se puede resumir como que ante la duda, siempre se debe preguntar primero. La expectativa en muchos casos no es solo que la persona cumpla las normas individualmente, si no que adicionalmente reporte violaciones del código de conducta. El reportar es visto en muchos casos como una obligación, de lo contrario se puede pecar de complicidad y complacencia, que de igual manera genera problemas a la sociedad.

Hay refranes de sabiduría popular en Latinoamérica tales como: "es preferible pedir perdón, que pedir permiso" y que mucha gente usa con orgullo como ejemplo de iniciativa y viveza para lograr algo en particular. Esta idea debe manejarse con mucho cuidado en Norteamérica y muy en especial en temas relacionados con ética y dinero.

El lector debe conducirse con precaución en estos temas. No se espera que uno persona sepa todo, pero si se espera que se pregunte ante la duda.

Todas las compañías tienen un código de conducta o código de ética documentado, políticas de viajes y contratos de confidencialidad. Lo más probable es que el lector se encontrara en situaciones donde debe dedicar tiempo a leer estos documentos y energía para entenderlos. Algunos de los términos pueden ser nuevos y requieren de la guía de algún colega que tenga más tiempo en la organización y que pueda ayudarle a aclarar los términos. Recuerde que siempre algo se pierde en la traducción y habrá palabras en inglés que le resultaran nuevas. Tenga una aplicación de diccionario en su teléfono, el diccionario de Oxford para *Smart-phones* es bastante bueno. La recomendación es a tomarse el tiempo de leer estos documentos y tener muy claro los límites y expectativas de la organización en cuanto a la conducta de sus asociados.

Confidencialidad, Propiedad intelectual e Innovación

La confidencialidad y la propiedad intelectual son un asunto de máxima importancia en Norteamérica. Las economías desarrolladas son altamente competitivas, por lo que la ventaja del secreto y la primicia en procesos de innovación son claves. Salir primero al mercado o desarrollar un producto único, puede ser la diferencia entre el éxito o la quiebra. En Latinoamérica hay poca o ninguna innovación, esto hace que el trabajo sea principalmente, la importación de productos que ya existen en otras regiones y comercializarlos en cada país.

Realmente no hay sorpresas y los movimientos de los competidores son bastante predecibles.

En Norteamérica se hace verdadera investigación y desarrollo y las empresas invierten millones en desarrollar productos nuevos. Cantidades de productos son lanzados al mercado cada año. Es fascinante trabajar en un mercado así, pero requiere de un periodo de adaptación para entender la nueva dinámica y desarrollar la nueva mentalidad. Es un juego nuevo para muchos profesionales hispanos.

En la revista *Scientific American*, June 17, 2014 se muestra un interesante artículo por Park Fischetti donde se presenta un análisis del número de patentes otorgadas y cuales países participan en el proceso de patentes de los Estados Unidos. En la dinámica mundial de innovación Latinoamérica no se ve, está prácticamente ausente. Esto hace que los profesionales hispanos sean lentos en entender estas dinámicas de creación de valor. No podemos tener un conocimiento de algo que no se ha hecho con anterioridad, entonces recomendamos al lector familiarizarse con estos procesos y que tanto han ayudado a crear progreso en el mundo. Probablemente la próxima gran innovación provenga de usted, al menos ahora puede estar por seguro que está en el lugar correcto para hacerla realidad y obtener los beneficios de ello. No es casualidad que la gran mayoría de las innovaciones provengan de los Estados Unidos; esto se debe a que hay un sistema que garantiza todas las condiciones necesarias para que la innovación nazca, crezca y se comercialice hasta su máxima expresión. Ninguna otra región del mundo posee un sistema y condiciones tan favorables para la innovación como los Estados Unidos de América.

Reflexione por un momento, no es lo mismo estudiar para buscar un trabajo que estudiar y adquirir conocimiento para crear algo nuevo, para construir, para mejorar el desempeño de los procesos, o para investigar temas que más nadie ha investigado antes, etc. Es por esta razón que personajes con gran impulso creativo, como Steve Jobs o los creadores del Facebook, no necesitan graduarse. Ellos no están buscando trabajo, ellos tienen un poder creativo tan grande que son capaces de usar su inteligencia para crear cosas nuevas y revolucionar la industria. Entonces son las empresas o los inversionistas que terminan buscándolos a ellos para hacer realidad las invenciones y luego crear negocios nuevos y hasta totales sectores nuevos en la economía. Finalmente, todo el mundo adopta y sigue lo que sea que ellos crearon. Esto no significa que el lector debe aspirar a ser como ellos, ya que representan un pequeñísimo porcentaje de la población; sin embargo es la actitud y la manera de pensar lo que merece atención y esta actitud puede aplicarse a todos los trabajos y circunstancias de la vida de un profesional.

La propiedad intelectual garantiza que las personas y organizaciones puedan recibir los beneficios de sus aportes. La confidencialidad y derechos de propiedad intelectual evitan que estas ideas sean robadas por otras organizaciones o hasta por otros países. Debido a la gran cantidad de dinero que está en juego, es que las compañías se protegen y mantienen departamentos legales para cuidar todos estos temas. Como ejemplo de la noción que se tiene en Latinoamérica sobre los derechos de autor, reflexione sobre el fenómeno de la piratería en video, programas de computación y libros; dejamos al lector sacar sus propias conclusiones.

Litigios

La sociedad en Norteamérica es altamente litigante, es decir que tanto empresas como individuos pueden ser demandados por sus acciones o hasta por omisiones. El entendimiento de los temas legales debe ser claro, en especial los relativos a confidencialidad, propiedad intelectual y responsabilidades del área de trabajo. Se encuentran casos documentados en la prensa donde se muestran demandas a ejecutivos que han ido a trabajar a los competidores antes de cumplirse ciertos periodos establecidos en los contratos. Esto significa que es posible que dependiendo del cargo y nivel, usted este restringido de ir a trabajar a competidores por un cierto número de años. Esto es más común en empresas de tecnología. Algunos casos de faltas a la confidencialidad pueden ser tratados hasta penalmente, ya que pudieran ser el resultado de espionaje industrial.

Recomendamos al lector familiarizarse con estos temas antes de llegar a Norteamérica. El ejercicio de más fácil acceso es el de leer las cláusulas de privacidad (en inglés) de servicios de internet como Facebook, Twitter, etc. Entender cuáles son las implicaciones cuando usted hace *click* en "acepto", el cual es tomado frecuentemente a la ligera y la gente accede en menos de 2 segundos.

Haga el ejercicio, servirá de entrenamiento a los tiempos por venir.

Entre todas las cosas que un nuevo profesional tiene que encargarse durante una mudanza, es difícil encontrar tiempo para reflexionar sobre estos temas, sin embargo es clave y de la más alta importancia que sean bien manejados desde el principio. El sentido común ayuda a mantenerse fuera de problemas y una vez en el nuevo mundo siempre hay que leer antes de firmar o hacer *click* en el botón de acepto, en especial cuando es un tema relacionado con su trabajo. También evitar hablar y ser muy reservado con la información del trabajo.

Un aspecto importante a tener presente en Norteamérica es el relativo a la reputación y el famoso "record". Violaciones de código de conducta no desaparecen fácilmente de la trayectoria de una persona. Es práctica común que las compañías verifican con otras compañías las razones de cambios frecuentes de trabajo. Existen procesos llamados *"background check"* que son servicios especializados en investigar a los candidatos antes de contratar, entonces nada lo ayudara a usted más al éxito que mantener un buen record. Las compañías contratantes suelen pedir referencias y casi siempre llaman a la persona contacto que el aspirante proporcione. Son muchos los casos donde realmente la empresa contratante se toma el tiempo de llamar y preguntar si todo está bien antes de entregar una oferta de trabajo. Construya una reputación de confiabilidad e integridad, esto le valdrá oro con el tiempo.

A medida que aumente la presión por resultados, es cuando más atento hay que estar. En los mercados altamente competitivos los proyectos no son sencillos, las tareas suelen ser de alta complejidad. Cuando se está bajo presión hay que estar atentos y siempre una conversación a tiempo con su jefe puede ahorrarles muchos problemas y noches sin sueño.

En el plano personal el tema de contratos y condiciones comerciales para productos y servicios también merece atención especial. El lector tendrá que comprometerse a cumplir condiciones comerciales de tiempo y dinero por el uso de diversos productos y servicios. Esto aplica a temas como compra de celulares, alquiler de vehículos, suscripción a tv por cable y hasta gimnasios.

Recuerde

- Lea el código de conducta de la compañía en la cual trabaja. Imprima una copia y guárdela en su escritorio.
- Lea y entienda las diferentes políticas y normativas de su área de trabajo. Estas pueden incluir: políticas de viaje, políticas de confidencialidad, políticas de regalos corporativos, eventos deportivos, seguridad y salud laboral, etc. Utilice un resaltador y entienda todos los términos que le resulten nuevos, ajenos o no sepa bien de que se trata. Luego agende una reunión con su jefe y revise las dudas.
- Ante la duda siempre pregunte antes de actuar. No se debe asumir nada.
- Construya desde el primer día una reputación de integridad y ética.

- Lo gratis no existe. Cuando lo llamen a ofrecer algo gratis, pregunte y no se arriesgue hasta saber bien de que se trata la oferta. Hay una gran cantidad de ofertas engañosas dirigidas específicamente a inmigrantes o personas nuevas al sistema.

- Siempre lea las letras pequeñas. Cuando lea ofertas en el periódico, en especial de vehículos, va a encontrar unos asteriscos y letras pequeñas. Evite las sorpresas, la norma es que muchas ofertas terminan siendo no tan buenas cuando se leen las letras pequeñas.

- Evalúe el costo de salida de los contratos. Cuando le ofrezcan productos y servicios sin pago de inicial, requiriendo solo la firma de un contrato, siempre pregunte sobre el costo de salida. Pregunte qué sucedería si cambia de opinión y devuelve el producto luego de tres meses. Las respuestas le sorprenderán y verán que nada es color de rosa como pensaba. El inmigrante hispano tiende a ser ingenuo y confiado y algunas personas trataran de obtener beneficio de esta situación; en algunos casos estas personas son inmigrantes que llevan más tiempo; mantenga la formalidad en todas las relaciones que impliquen dinero.

- Siga las reglas, siempre. Deje la cultura de la mal entendida viveza latina atrás. Esto no tiene cabida en la nueva región y no es necesario para surgir y tener éxito.

Lecturas recomendadas

- *The Speed of Trust. Sthephen M.R. Covey with Rebecca R. Merrill*
- *Coach Wooden's Pyramid of Success. Wooden and Carty*

Citas para la reflexión

- *"I hope I always possess firmness and virtue to maintain what I consider the most enviable of all titles, the character of an honest man" George Washington 1732 – 1799.*

Imagen 1: Monumento a Lincoln, Washington D.C. En la historia norteamericana se pueden encontrar muchos personajes que son ejemplos de integridad y liderazgo.

CAPÍTULO 2

El valor del dinero y del tiempo

Dinero

Todas las economías latinoamericanas han sufrido inflación, devaluación y una montaña rusa económica. Esta situación hace que los profesionales provenientes del sur, no tengan claro el valor del dinero en la nueva economía en la que van a vivir.

Para la mente del profesional hispano, el dinero o mejor dicho el efectivo tiene poco valor y tiende a depreciarse muy rápido, además de que vive con la referencia del dólar americano como indicativo de valor. Cuando la referencia del dólar se pierde, por el hecho de que el ingreso y el gasto ya es en dólares, suele existir por un tiempo una sensación de desorientación financiera. La manera de ahorrar a futuro y proteger el valor del dinero en Norteamérica es por medio de la inversión.

La inversión puede tomar la forma de bonos, acciones y fondos mutuales para de los planes de retiro. Esto forma parte de la vida de todas las personas en Norteamérica; se pueden observar buenos niveles de educación financiera a todos los niveles sociales. Existe abundante literatura para empaparse en cómo entrar en esta nueva dinámica de ahorro, al final del capítulo recomendamos un libro sencillo y directo que cubre los temas básicos para entender el mercado de capitales y comenzar con los primeros pasos, si es que no se tiene terreno adelantado antes de llegar.

Latinoamérica tiene una cantidad de creencias históricas alrededor del dinero que deben examinarse cuidadosamente. Por ejemplo, frases como: ser rico es malo, el dinero es algo sucio, el dinero no es todo en la vida y un sinfín de creencias que se nos han inculcado desde temprana edad y que hay que identificar y erradicar para poder funcionar bien en el nuevo entorno.

El poco valor que el hispano da al dinero hace que su conducta de compra sea la de gastador rápido, lo cual en Norteamérica solo se va a traducir en una cosa: deuda. También lo hace desconocedor del poder de las inversiones y del buen manejo del dinero en el tiempo. Esto es un tema central para mantener la riqueza de una familia y un factor clave para lograr el éxito y evitar la ruina. El término en inglés es *"bankruptcy"*.

Deuda

En el capítulo 1 sobre ética comentamos como existe un eficiente sistema de record, el cual aplicado a los temas de crédito se llama el *"El credit score"*. Este es un cálculo matemático que han diseñado los bancos para medir el riesgo en prestar dinero a una persona. Este score no es más que un historial de conducta para saber si la persona paga sus deudas o no. Mide aspectos como pago puntual, número de tarjetas de crédito que la gente maneja, uso de las tarjetas, etc. Le recomendamos al lector siempre pagar puntual y evitar tener más de una tarjeta de crédito por adulto en el núcleo familiar. Esto ayudara a mantener control. Es muy fácil perder la capacidad de seguimiento cuando se tiene un sinnúmero de tarjetas todas con diferentes tasas de interés, fechas de pago y condiciones.

En Norteamérica obtener efectivo o *cash* es muy difícil. Obtener deuda, al contrario es muy fácil. Al poco tiempo de llegar, las personas pueden ver que por cada dólar que gana, se puede adquirir hasta cuatro o más dólares en deuda o crédito. *"Buy now, pay later"* es la consigna. El acceso a crédito es muy fácil y no se corresponde con la dificultad en el acceso al efectivo. Esta situación crea un desbalance que hace que las personas vivan con altos niveles de deuda, lo cual no tiene gran problema siempre que sea razonable y que sea en temas que algunos expertos han denominado como "buenas deudas".

Los problemas se presentan cuando la deuda se sale de control y se cae en situaciones donde los compromisos son impagables y la deuda no sirvió para crear un mayor flujo de caja en el futuro. Algunos ejemplos de buenas deudas son: créditos educativos, hipotecas de vivienda, una remodelación que te permitirá rentar una habitación y percibir un ingreso adicional. Por el contrario, ejemplo de malas deudas son: vehículos de lujo, excesivas vacaciones o gastos excesivos para mantener un estatus social al cual no se pertenece. Tarde o temprano el destino alcanza a la persona y luego vienen los sufrimientos innecesarios.

El inmigrante profesionales hispano tiene dos desventajas frente a otro tipo de inmigrantes: 1) Creen que por tener un trabajo ya todos los problemas están resueltos y 2) Tienen expectativas de estilos de vida que están por encima de lo que pueden pagar. La combinación de los puntos 1 y 2 crea presiones a la familia que con el tiempo se hacen imposibles de llevar. El inmigrante profesional debe recordar que se está emprendiendo un viaje donde la primera meta o el primer *check-point* es el año 10; se debe pensar que se está corriendo un maratón, así que evite las cargas innecesarias, viaje ligero y tenga unos buenos zapatos!

Impuestos y planificación financiera

Los impuestos merecen especial atención durante los primeros años. Los impuestos son altos, muy altos y se llevan todos los excedentes de no ser bien manejados. Esta realidad aplica igual al negocio, por eso la conciencia de dinero en todas las persona que usted conocerá tiende a ser elevada y es una mentalidad que el inmigrante tienen que absorber rápido; podemos llamar a esto un proceso de calibración, tienen que calibrarse personal y profesionalmente al nuevo valor del dinero, al impacto de los impuestos y a los costos transaccionales del uso del crédito (pago de intereses).

Los temas de dinero pueden resultar abrumadores. Luego del primer año el inmigrante debería tener una clara y precisa situación de su flujo de caja, por ejemplo:

- Gastos fijos (hipotecas, servicios y seguros, comida, luz y gas) y gastos variables (compras de ropa, viajes, regalos y recreación).
- Retenciones de impuestos, etc.
- Otros ingresos por intereses, inversiones, rentas.

Una vez claro el flujo de caja es más fácil tomar decisiones correctas, tales como donde vivir, que tamaño de casa comprar, cuantos carros, etc. Al inicio es muy difícil hacer estimaciones, además recuerde nadie le comentara la realidad de su situación financiera. Hablar con otros inmigrantes es muy confuso. El fenómeno más común es que algunas personas tienden a esconder la cantidad de dinero que verdaderamente traen, otros tienden a exagerar y tapar con estilos de vida que no son reales. Entonces lo recomendable es sacar usted sus propias conclusiones. Tómese el tiempo de registrar y medir y trate de no malgastar energía en comparaciones.

En Norteamérica es normal tener testamentos a una temprana edad, así como poderes y toda la documentación que normalmente se hace en Latinoamérica al cumplir 50 años. Los nombres en ingles son *Will* (testamento) y *Power of Athourney* (Poder). Recomendamos al lector tener ambos.

Riqueza

Luego de tres años de reflexión nuestro personaje ficticio José ha observado cuales son las fuentes de riqueza o prosperidad de las personas nacidas y criadas en Norteamérica. Trate de poner el foco en estas personas.

Como viven, que hacen, que hacían sus padres y abuelos? Quienes son las familias de dinero en el país? A que se dedican y cuáles son sus costumbres? olvídese de compararse con otros inmigrantes ya que nunca podrá conocer toda la realidad sobre ellos.

Es fácil ver como dinero y riqueza no son lo mismo. De hecho, Latinoamérica es una región donde esto es evidente. Los países han tenido flujos de efectivo gigantescos de dinero que sus sociedades han sido incapaces de convertir en riqueza. Entonces José al igual que muchos de sus compatriotas vienen de lo que algunos llaman: el pobre país rico.

Hoy en día y en economías de libre mercado, se pueden ver algunas fuentes de riqueza que merece la pena reflexionar. Esto proviene de la simple observación de aquellos casos de éxito y quienes son los poseedores de las principales riquezas en este continente:

1. La tierra y la propiedad de activos productivos
2. El conocimiento, la creatividad y los talentos especiales
3. Las buenas relaciones

Para el contexto de un inmigrante y su familia, es clave entender estos elementos y actuar sobre ellos desde el primer día. Es algo que se debe construir. Esto ayudara a que la familia inmigrante pueda priorizar sus decisiones y tomar acciones que a largo plazo se traduzcan en riqueza.

El primer y principal pedacito de tierra es la casa donde se vive. Una buena decisión de compra puede traducirse en creación de valor a largo plazo. Con respecto a activos productivos podemos empezar desde lo más sencillo como lo son una computadora, un torno, herramientas de trabajo, una *pick-up truck*. Volviendo al mundo de José, esta ha conocido varias personas que hoy día tienen empresas y están en muy buena situación económica. Al conversar sobre los comienzos, siempre fueron pequeños comienzos, un camión, un negocio pequeño, una pick-up de mudanzas. Hoy en día tienen 150 camiones de transporte de ingredientes a granel, una cadena de franquicias o una compañía nacional de mudanzas. En estos casos se creó riqueza por el uso y el trabajo con activos productivos. Para las empresas de tecnología, empezaron en un garaje con prototipos y componentes electrónicos que les permitieron generar productos mejores que luego desarrollaron y masificaron en comercialización. El caso de *Apple Computers* es un ejemplo del uso e inversión en activos productivos, combinado con la inteligencia y talentos especiales, los cuales terminan por crear servicios o productos nuevos de valor agregado.

Con respecto al conocimiento y talentos especiales podemos comentar casos similares. El ambiente en Norteamérica es tan competitivo que la persona debe hacer aquello para lo cual tiene más habilidad. No hay tiempo ni recursos para enseñar. Es muy complejo el tratar de desarrollar aspectos que no estén conectados con sus talentos naturales, considere que ya el hecho de tener que desarrollar un talento que posee de manera natural, requiere de un esfuerzo considerable. Piense en los deportistas que van a las olimpiadas, ya eran buenos de nacimiento y cuanto más tienen que entrenar para alcanzar el máximo de su potencial? Piense en un músico que ya de por si nació con oído musical y cuanto más tiene que estudiar y practicar para alcanzar un nivel relevante y de clase mundial? La palabra en inglés es *master*, cuanto se debe trabajar sobre un talento especial de manera que se pueda lograr el nivel de maestría requerido. Los actores de Hollywood son otro ejemplo y algunos estudian y tienen una entrega total a la causa. Al escuchar la historia de algunos, podemos sorprendernos de sus orígenes y las cosas que tuvieron que hacer para alcanzar el éxito que luego resulta evidente a todos. Las personas ven el final de la película y piensan: oh que bueno debe ser vivir como esa personas, pero se detienen poco a pensar que fue lo que tuvo que hacer esta persona para llegar a donde está? Esa es realmente la clave, casi siempre verán que el éxito es el resultado de años de dedicación y sacrificio a una sola meta y esto construyendo sobre un talento natural que ya la persona posee.

Las buenas relaciones en el largo plazo suelen siempre rendir frutos. Las buenas relaciones normalmente son honestas y desinteresadas y aquí radica el reto de tener buenas relaciones en este mundo moderno. Actualmente existe la palabre *networking*. Es cierto, el *networking* es importante, pero el riesgo está en usar el *networking* de manera superficial. Hoy en día es muy fácil tener un contador de amigos por la gran cantidad de herramientas *on-line*, pero esto realmente significa poco. La recomendación que damos es olvidarse del contador de personas o contactos y en especial olvidarse de perseguir al principio aquellos que usted considera "importantes"; contactos importantes? Esta es una estrategia peligrosa que solo los más expertos deben manejar, ya que el acercamiento viene manchado con interés y los contactos "importantes" suelen saberlo y están a la defensiva. El interés se siente y huele como perfume barato. Su habilidad para juzgar la condición de cada quien es limitada, por esto decimos que los juicios de importancia o no de las personas a su alrededor son muy complicados. Por el contrario, las relaciones que surgen de manera natural y genuina nos llevan a resultados sorprendentes. El foco de la persona debe estar en el trato espontaneo y honesto a los demás sin importar su condición; también en el foco sobre usted mismo y sus actitudes. Esto será un generador automático de buenas relaciones. La condición de inmigrante o recién llegado a un país es la peor de todas las condiciones para querer jugar el juego de ser importante y mucha gente lo intenta para solo terminar frustrados. El foco debe ir a ser buen vecino, un colega confiable, a ayudar de manera desinteresada, a cumplir las normas de convivencia, compartir talentos y hobbies, a disfrutar de los pequeños momentos de la vida con todas las personas que estén a su alrededor, porque estas son las que Dios ha puesto en su camino por alguna razón, entonces no les dé la espalda. Con el tiempo, la magia ocurre y alguien con quien usted compartió un café para relajarse del estrés, alguien con quien usted se sentó desinteresadamente y naturalmente a escuchar y compartir un almuerzo, alguien a quien usted de buena fe le tendió la mano, esa persona de manera natural y espontanea le ayudara en el futuro en formas que usted ni sabía que necesitaba.

Todas las personas que embarcan en un viaje de este tipo son para buscar condiciones mejores a las del país de origen. Como dicen en inglés "keep your cool", es decir mantenga la calma. Lo importante es ver cómo termina la historia, al final debemos lograr el anhelado progreso, prosperidad, crecimiento personal y lograr nuestro aporte a la nueva sociedad.

El Tiempo

Directamente relacionado al poco valor que tiene el dinero en Latinoamérica, está el uso ligero y la concepción del valor del tiempo. La primera prioridad del inmigrante tiene que ser desarrollar una absoluta e incuestionable reputación de puntualidad. Esto es clave ya que los estereotipos dicen lo contrario. Es muy común haber crecido en Latinoamérica dentro de una cultura del retraso y llena de excusas para justificarlas: el tráfico, el elevador se dañó, mi hijo se enfermó; todos conocemos las escusas, que al final son solo eso: excusas.

Es necesario enfatizar que en la cultura inglesa, hay que ser absolutamente puntuales. Nunca llegar tarde a ninguna reunión o teleconferencia. La puntualidad es vital para tener éxito. Como ejemplo de esto, una persona que llega 2 minutos tarde a una teleconferencia pide disculpas. A ese nivel es la expectativa de puntualidad. Normalmente las teleconferencias arrancan luego de 3 minutos, y no se espera a más nadie. Si usted es el organizador de la reunión y llega muy tarde, luego de 5 a 10 minutos es probable que ya mucha gente haya colgado el teléfono o se marchó de la sala. Entonces cuidado, siempre avise en caso de haber un retraso por causa mayor y demás está decir que la norma de etiqueta dice que uno no puede tener eventos de causa mayor todas las semanas. Excepciones a esto son eventos climáticos como tormentas de nieve o lluvias que causan una disrupción en el sistema de transporte público o autopistas; estos casos suelen ser entendidos sin causar mayor problema.

En Norteamérica se trabaja a nivel continental, esto significa que dentro de Estados Unidos y Canadá se pueden manejar hasta siete husos horarios:

- *New Foundland Time Zone UTC -3:30*
- *Atlantic Time UTC – 4:00*
- *Eastern Time UTC -5:00*
- *Central Time UTC -6:00*
- *Mountain Time UTC -7:00*
- *Pacific Time UTC-8:00*
- *Alaska Time UTC – 9:00*

La hora también se ajusta en base al DST (*daylight saving time*) o también llamado horario de verano. Esto consiste en mover los relojes una hora hacia adelante en preparación para el verano cuando los días se hacen más largos. Al llegar el invierno se retrasan los relojes una hora.

Es probable que una compañía tenga oficinas y personal ubicado a lo largo de los cuatro husos horarios. Tenga esto presente a lo hora de agendar reuniones y sepa donde están ubicados los participantes. Es común tener confusiones al inicio y la recomendación es siempre verificar usando herramientas tipo *google maps o bing*. Esto cobra mayor importancia si se es viajero frecuente y estará cruzando estos husos horarios permanentemente.

Recuerde

- Entienda los generadores de costos de su función particular y entienda como funciona el presupuesto de su área. Si usted es responsable de manejar el presupuesto, sea formal y estricto con el manejo del dinero de la compañía. Evite las sorpresas.
- Sea puntual siempre. Haga de esto un reto personal.
- Verifique la ubicación de sus clientes y proveedores cuando inicie una relación laboral. Esto le permitirá agendar adecuadamente y evitar cambios incomodos.
- Investigue con antelación acerca de los lugares que visita. Aprenda de los viajes y lea la historia del lugar. Esto es una excelente manera de aprovechar el tiempo y le dará siempre buenos temas de conversación y una buena comprensión de la cultura.
- Haga un presupuesto familiar. Registre el flujo de caja detalladamente y sepa cuánto tiene disponible para gastar. Existe amplia literatura y recursos para guiar al lector en cómo hacer un presupuesto y flujo de caja para el hogar. Durante los primeros años recomendamos que lo haga.
- Haga y mantenga un balance general. Esto le ayudara a entender cuál es su patrimonio y no solo ver ingresos y egresos del día a día. También es lo que permite ayudar a la toma de decisiones a largo plazo y mantener las deudas bajo control.

- Tome su tiempo para hacer los cálculos financieros para cada situación y hágalos antes de firmar contratos o decidir comprar y asumir deuda. Ejemplos de cálculos que debe dominar son: el pago de intereses, cálculo de hipoteca y costos de cancelación y penalidades.
- Los bancos ofrecen servicios de consultores financieros. Esto ayudan a entender las opciones y productos que existen. Estos consultores se pueden usar, pero recuerde que los asesores financieros trabajan para sus organizaciones en primer lugar y sus propios intereses. El lector debe documentarse y entender previamente para tener conversaciones educadas en la materia.
- Tenga una sola tarjeta de crédito por adulto en el núcleo familiar. Recomendamos usar la tarjeta emitida por su banco de confianza. Evite las múltiples tarjetas ya que se crean demasiados frentes que son difíciles de manejar y complican el seguimiento.
- Realice un testamento y poder. Estos temas pueden facilitar mucho las cosas, en especial considerando que están en un país extraño con nuevas y diferentes reglas. Hay testamentos que incluyen la patria potestad de los hijos en caso de faltar los padres. Es recomendable hacerlo para garantizar que familiares que viven fuera del país, puedan actuar de presentarse eventualidades.
- Piense en el largo plazo, reflexione sobre cuales son los cimientos de su prosperidad familiar y trabaje en continuarlos. Defina el término riqueza

y establézcalo de manera amplia. Compártalo con su familia.

- El tiempo se va rápidamente y no se recupera. Sea diligente y no pierda su tiempo, en especial en las cosas importantes: aquellas que le permitirán avanzar en su desarrollo personal y profesional.

- Sea honesto en sus relaciones personales. Confíe en Dios para poner en su camino a las personas que la ayudaran en su viaje y desarrolle sus relaciones profesionales basadas en su confiabilidad como miembro de equipo, pasión en el trabajo y aportes.

- Al respecto del ahorro y el dinero evite caer en la trampa mental de querer ahorrar centavos y luego al día siguiente gastar cientos o miles. También evite tomar medida cuando ya es tarde y todo es más difícil. Lo más recomendable es empezar de la manera más austera posible y gradualmente ir mejorando según mejoren los ingresos.

Lecturas recomendadas

- Charles Schwab's Guide to Financial Independence, Crown Publishers, New York (1998)
- 6 Things Jim Flaherty taught me about personal finance. Toronto Star, Sheryl Smolkin, published Apr 22, 2014.

Imagen 2: *Downtown Toronto, Financial District*. En algún momento de la historia las iglesias fueron las edificaciones más altas construidas por el hombre. Hoy en día son los rascacielos de bancos y corporaciones.

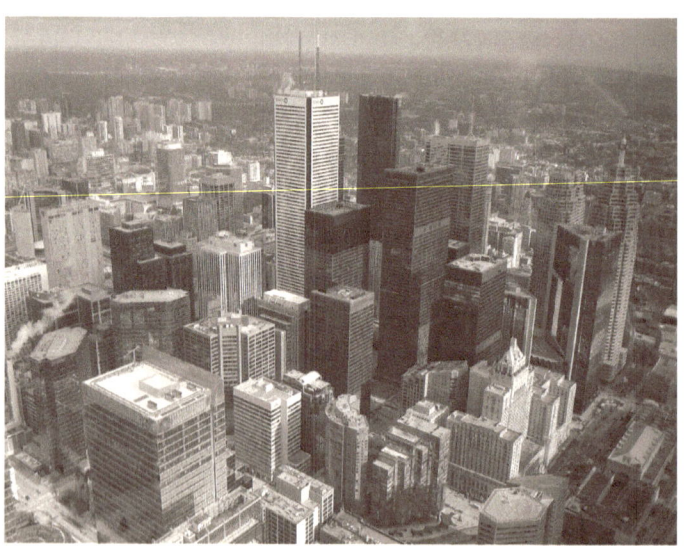

CAPÍTULO 3

El nivel profesional y la orientación a resultados

El nivel profesional mostrado y la calidad del trabajo que usted haga día a día determinaran el éxito que usted va a tener en Norteamérica. Esto puede parecer obvio o pudiera uno pensar que en Latinoamérica es igual, sin embargo la situación no es la misma y este punto merece atención especial.

Los profesionales que vienen a Norteamérica tienen que empezar desde cero a construir el entendimiento del mercado, las relaciones personales y de negocios, nuevos conocimientos técnicos, en fin, prácticamente todo. Lo único que usted trae son sus conocimientos profesionales, experiencia en trabajar en alguna organización y sus habilidades personales. Es por esta razón que la gente comienza un poco más abajo en la jerarquía organizacional, comparativamente con su experiencia en el sur. Esto es lógico ya que es necesario transitar una curva de aprendizaje sobre cómo hacer negocios en Norteamérica. Con el tiempo y el esfuerzo, usted va a ascender nuevamente, pero dependerá de la calidad del trabajo técnico que se haga, de la confianza que usted construya en sus superiores, colegas, clientes y de su capacidad de aprender habilidades nuevas.

La expectativa de calidad en Norteamérica es mayor a la que se viene acostumbrado en Latinoamérica. El mercado es altamente competitivo y el consumidor o cliente implacable. Esto requiere atención especial en los primeros meses. Tienen que entender muy bien que es aceptable y que no. Tienen que calibrarse con su jefe, clientes y colegas en cuanto a los criterios que determinan un trabajo bien hecho. La tolerancia al error es baja y los costos del error o de un trabajo incompleto son muy altos, por esta razón se debe trabajar con máxima atención, no asumir nada y siempre preguntar. Más abajo citamos a Thomas Jefferson quien dijo: *"Delay is preferable than error"*. Esto tiene que ver con el costo y las implicaciones del error.

Norteamérica es un mercado laboral especializado. Usted va a encontrar gente en su departamento que tiene 15, 20, 25 años trabajando en la misma área. Esto hace que la profundidad del conocimiento de un tema particular sea alta. Por el contrario en Latinoamérica, los profesionales tienden a haber manejado diferentes responsabilidades, hay más movilidad entre posiciones y por ende probablemente se ha crecido más horizontalmente. Esto no es malo porque da visión amplia del negocio, pero limita el conocimiento especializado en el trabajo que se está haciendo al comenzar. Estudiar nuevamente es vital. Es altamente recomendable optar por certificaciones profesionales en los ámbitos relevantes para el lector: finanzas, cadena de suministro, gerencia de proyectos, marketing. También existe una gran cantidad de recursos provenientes de asociaciones profesionales, revistas e internet; El lema es estudiar, estudiar, estudiar. Esto le permitirá lograr cerrar las brechas rápidamente y sumado a la visión ampliada que ya usted trae del negocio, le dará una ventaja para crecer un poco más rápido. Pero no olvide, si no logra lo primero, es decir un excelente dominio profesional de su posición inmediata, no vendrán los anhelados movimientos.

La disponibilidad de recursos es amplia. Es maravilloso ver la cantidad de asociaciones y la calidad de estas asociaciones. Es algo inexistente o muy limitado en Latinoamérica, aquí por el contrario hay abundancia y es algo que pueden aprovechar para hacer buenas conexiones y acelerar las curvas de aprendizaje. Esto también sirve para sustentar métodos y propuestas que formen parte de su trabajo. Por ejemplo, una idea tiene mayor probabilidad de ser adoptada si cumple con los criterios de alguna asociación o gremio que usted pueda colocar como referencia. Aquí si se le presta mucha atención a las referencias y respaldo de una metodología en particular. Ejemplos de asociaciones profesionales son: *The American Society for Quality, American Association of Industrial Designers, International Society of Beverage Technologists, The Fiber Box Association, etc.* Hay asociaciones para todos los sectores.

Competitividad

El ambiente es altamente competitivo, como probablemente usted no haya visto antes. Considere que para una posición en Norteamérica usted va a estar compitiendo con profesionales de todo el mundo. Si lo piensa por un momento, usted no es la única persona que anhela trabajar en esta región. El talento es muy diverso y algunos grupos han logrado construir una reputación basada en sus fortalezas inherentes. Por ejemplo, los Indios buscan y logran alto nivel educativo y académico (master, PhD, etc.), los chinos y coreanos logran los score más altos en matemáticas, en el mundo financiero los chinos son muy competitivos al igual que los indios. Los británicos, americanos, australianos y canadienses tienen la ventaja de que este es su medio natural, entienden la cultura costumbres e idiomas; estos dominan las áreas de marketing, clientes y las posiciones más altas en la compañías. El gremio latino está representado por México, Colombia, Perú, Argentina y un creciente número de venezolanos ahora. Los latinos que encontrara en las organizaciones son muy competentes, se destacan por la habilidad de lograr resultados, el nivel profesional y buena actitud al trabajo. Para mejorar su competitividad, deben invertir en el estudio, certificaciones y completar todas las validaciones necesarias para su profesión o área de conocimiento. Se deben evitar las distracciones en temas que ya no son importantes y aceptar rápidamente las siguientes premisas, que fueron tomadas por José de un pequeño dojo de práctica de artes marciales: Se empieza desde abajo, se trabaja duro y nada es gratis.

Resultados en números

Si usted trabaja para una empresa top 100, lo más probable es que le sean asignados objetivos medibles. En Norteamérica existe un gran énfasis en resultados numéricos y se presta gran atención. Normalmente un resultado expresado en números es incuestionable y si está bien definido, normalmente se garantiza el valor agregado al negocio. Considere que en Latinoamérica, la cultura es más flexible en cuanto a la medición del desempeño. Esto puede estar relacionado con el valor del dinero y del tiempo mencionado anteriormente. Si un dólar vale un dólar, entonces tiene mucho mayor importancia el perderlo o ganarlo.

En las operaciones de empresas globales en Latinoamérica, los márgenes de ganancia tienden a ser altos, entonces hay espacio para tolerar la variabilidad. Es raro pelear por centavos y el costo de una mala aproximación o errores en pronósticos no son tan altos. En Norteamérica, los márgenes son reducidos y el mercado es ultra competitivo, por esto las proyecciones y presupuestos se manejan de una manera muy ajustada. Entonces es vital entender cuáles son los objetivos medibles de su área y que haga todo a su alcance para cumplirlos. Entienda la relación entre su trabajo y los resultados financieros de la Compañía.

Tomemos por un momento el ejemplo del mundo de los deportes, el pelotero venezolano Miguel Cabrera es muy querido y famoso en Norteamérica. Esto no se debe a que es simpático, venezolano, echa buenos chistes o es pelotero de las grandes ligas. La gente ama a Miguel

Cabrera por su desempeño y los números que logra jugando en la cancha. Miguel ha hecho de los Tigres de Detroit un equipo ganador, su aporte al equipo es incuestionable. Es increíble notar como al visitar la ciudad de Detroit, la gente le tiene un gran aprecio y además valoran su integridad como deportista, más aun en tiempos donde los escándalos de *doping* han manchado la reputación de muchos otros deportistas que ven como el éxito se esfuma por fallar en el principio explicado en el capítulo 1, etica e integridad. Entonces se pasa de la fama a la vergüenza, rápidamente.

La educación continuada o *"continuing education"* como se conoce en Ingles

En Canadá existe el concepto de educación continuada. Este es un concepto muy bueno, una vez que se entiende. Todas las Universidades tienen programas diseñados para todas las edades y todas las circunstancias. La situación económica actual, la cual es de lento crecimiento económico, ha obligado a las personas a vivir en un estado de aprendizaje constante. Hay líderes políticos que están pensando en crear fondos para ayudar a personas en sus 45 años a estudiar nuevamente y aprender nuevas habilidades para que puedan reubicarse en el mercado laboral. La estabilidad no existe y el cambio es la norma. A esto súmenle ustedes el cambio que vivieron al mudarse de Latinoamérica al norte. Eso les dará una ventaja, ya que su cerebro va a estar un poquito más flexible para el cambio. Adicionalmente, la diversidad de experiencias que ya tuvieron les hará profesionales versátiles y flexibles al momento de aplicar a nuevas posiciones.

Los programas a distancia son comunes, buenos y reconocidos. Gente conocida y cercana a nuestro amigo José ha completado programas 100% on-line que son excelentes y muy útiles para tomar el vocabulario, actualizarse y empezar a interactuar con personas fuera de su familia y círculo de amigos. También existen programas llamados certificaciones, donde los aspirantes por medio del estudio individual se preparan, presentan exámenes y son certificados en áreas específicas de la profesión. Todos estos programas son buenos y tienen un costo razonable. Aproveche todos estos recursos, hay gran cantidad de opciones verdaderamente. Internet permite averiguar fácilmente, pregunte siempre a gente que tenga más tiempo y haga un plan de inversiones en usted mismo y su familia. Un buen amigo de José le dijo en el primer año de llegar a Norteamérica, que el dinero invertido en educación es la mejor inversión que puede hacer un inmigrante profesional. Con respecto al mundo de las inversiones en empresas y las personas que emigran como inversionista, recomendamos al lector preguntar y escuchar atentamente las historias de personas que han llegado antes y emprendido proyectos de este tipo. Hay muchos casos de inmigrantes inversionistas y algunos dejan entrever la realidad, solo se requiere de mente abierta para escuchar y cada quien sacar sus propias conclusiones.

El nivel profesional y las habilidades que traemos de Latinoamérica son altas y haciendo pequeños ajustes en la actitud y logrando esa calibración necesaria, los hispanos pueden alcanzar un nivel profesional de clase mundial y funcionar cómodamente en el nuevo ambiente.

Recuerde

- Los resultados son claves. Ponga todo su esfuerzo en lograr sus objetivos, esto es de particular importancia en los primeros años.
- Haga un plan de desarrollo. Sea enfocado y evite tener demasiados frentes abiertos. Recuerde que en Norteamérica el mercado laboral es especializado y sus futuros ascensos dependerán de los resultados de hoy.
- Conecte con los gremios y asociaciones de su sector de especialidad. Estudie, actualícese y viva en un permanente proceso de aprendizaje.
- Sea competente en su área, haga de esto una prioridad. Si solo puede recordar dos palabras de este capítulo, trate que sea esta: sea competente *"be competent"*.

Lecturas recomendadas

- *The first 90 days, Michael Watkins.*
- *Canada: What it is, what it can be. Roger Martin & James Milway.*

Citas para la reflexión

- *Delay is preferable to error, Thomas Jefferson*

Imagen 3: Toronto Rogers Centre. De lo mejor de sí en el campo y sáquela de jonrón cada vez que pueda.

CAPÍTULO 4

El ambiente virtual de trabajo y el uso de la tecnología

La tecnología está presente en todo momento y en su máxima expresión. Las barreras físicas de espacio y ubicación geográfica son cada vez menores y usted puede trabajar a distancia con gran facilidad. Los servicios de conectividad de internet son buenos en toda la región de Norteamérica; esto ha permitido que la gente con una computadora portátil o *Smartphone* pueda trabajar literalmente en todas partes y 24 horas al día.

Norteamérica es un territorio muy amplio, un vuelo de Toronto a Vancouver dura 5 horas, algo similar es volar de Nueva York a Los Ángeles. Las organizaciones tienen oficinas a lo largo de todo el territorio. Es común ver como algunas personas trabajan desde sus casas y viven en viajes hasta un 75% de su tiempo laboral. Es común ver también como algunas compañías tienen oficinas ubicadas en diferentes lugares de una misma ciudad, lo que limita las reuniones presenciales a situaciones donde sean absolutamente necesarias.

El llamado que hacemos a los inmigrantes profesionales es a hacerse diestros en el uso de la tecnología. El on-line meeting y las teleconferencias pueden llegar a ser un alto porcentaje de las reuniones e interacciones. Si bien la tecnología ha mejorado notablemente, aún hay retos asociados a participar, liderar e intervenir en teleconferencias. Existen algunas buenas prácticas para ser el anfitrión, y como en todo hay una norma de etiqueta de cómo conducirse en una teleconferencia. A continuación presentamos algunos puntos a tener pendientes cuando participen o lideren teleconferencias o reuniones on-line. Las recomendaciones están divididas en si usted es participante o anfitrión. Esto proviene de observaciones de cuando las teleconferencias salen bien y de los problemas más comunes observados al trabajar por estos medios.

Participante

- Diga su nombre claramente al iniciar la teleconferencia y la ubicación o departamento de ser necesario. Esto en especial si participa por primera vez
- Coloque su teléfono en "mute" para evitar ruidos de respiración, tecleado y conversaciones de fondo pueden ser realmente incomodos para los otros participantes
- Si la teleconferencia es numerosa y no lo conocen, identifíquese antes de hacer una pregunta o comentario. Por ejemplo: *This is Juan sorry to interrupt, I just want to ask...*

- Haga saber al anfitrión en caso de haber problemas técnicos. Mande un mensaje privado vía chat o simplemente haga la pregunta tan pronto sea posible.

Anfitrión

- Revise la asistencia al inicio y luego que todas las personas estén conectadas haga un recuento para que los participantes sepan quienes están conectados.
- Verifique que las personas pueden escucharlo claramente. Se puede preguntar al inicio, en especial si son teleconferencias con muchos participantes.
- Conozca las funciones de su teléfono, en especial las de "*mute all lines*" esto le dará el poder necesario en caso de que algún distraído que va viajando en un tren, deje su línea abierta y se escuchen todo tipo de ruidos.
- Si está presentando láminas, verifique que las personas puedan ver las láminas y tenga un archivo a mano que pueda enviar por email en caso de problemas técnicos.
- Para teleconferencias con participación global América, Europa y Asia-Pacifico, es común que el anfitrión de los buenos días, buenas tardes y buenas noches al comenzar.

El contacto personal es insustituible, pero verán que muchas veces no hay opción por limitaciones de presupuesto y barreras geográficas. El costo de desplazarse en Norteamérica es muy alto, recuerde el capítulo sobre el valor del dinero en el tiempo. Ciudades como Toronto tienen hasta 80 Km de ancho entre sus suburbios de un extremo a otro; un estacionamiento puede costar 2 dólares la hora y en algunos lugares del *downtown* de las principales ciudades, vera que es difícil encontrar lugares para estacionar. Referente a los viajes por avión, de igual forma los costos son elevados y las restricciones presupuestarias requieren un uso muy racional de los viajes. Entonces lo que queda es hacer el mejor uso posible de la tecnología y evitar que esto se convierta en una barrera a sus relaciones personales.

El lector tendrá que trabajar con muchas personas que no va a conocer personalmente probablemente nunca, sin embargo siempre se puede construir algo de camaradería y relaciones cordiales, que harán su trabajo más sencillo. Algunas personas colocan su foto en chats y sistemas de correos electrónicos, esto ayuda a colocar una cara detrás de las voces, otras personas son más reservadas y verán que no colocan foto. Si usted tiene la alternativa de colocar una foto, hágalo; esto ayuda a construir un poco de cercanía en los espacios virtuales. Con respecto a la foto, siga las recomendaciones y etiqueta adecuada al negocio en el cual trabaja. En algunos lugares se puede solicitar una foto tipo *business*, preferiblemente con fondo blanco y código de vestido tipo *business casual*. La corbata no es tan común, al final depende del tipo de industria. Se deja a discreción del lector.

Lecturas recomendadas

* The Official Book of Electronic Etiquette. Charles Winters, Anne Winters and Elizabeth Anne Winters.

Imagen: Delta *Connections* Jet. En Norteamérica se trabaja en constante movimiento, mantenga su conectividad 7x24.

CAPÍTULO 5

Diversidad

El ambiente laboral en Norteamérica es extremadamente diverso. Aquí volveremos por un momento al mundo de José donde en su departamento existen 5 nacionalidades en un grupo de 6 personas. Los compañeros de José son de la India, China, Rusia y Canadá. Este tema es realmente interesante, pero presenta retos ya que si nos detenemos a pensar por un momento, esto implica 4 o 5 religiones distintas, 4 idiomas que actúan como la primera lengua de cada una de estas personas; en fin cuatro mundos distintos. Normalmente se llama *English as Second Language*, para todos los que trabajan en ingles pero son nacidos fuera de Norteamérica y eso sin contar las diferencias en formación, costumbres y valores. Los aspectos comunes son el nivel educativo y los objetivos del área o equipo al cual pertenecen.

En Latinoamérica nos gusta sentirnos diferentes del país vecino, y lo somos de alguna manera dentro de nuestro mundo. Sin embargo, todas las sociedades latinoamericanas son 70% católicas, un 60% habla español y todos tenemos más o menos la misma composición en cuanto a estratos sociales, la pirámide poblacional y visión de la vida y de las cosas en general. Es por esta razón que el entrar a un ambiente diverso a escala global merece especial atención para que la persona lo logre hacer de una manera efectiva y con mínimo de tropiezos.

Norteamérica es la cúspide de la diversidad. Es la región del mundo a donde todo el mundo aspira a ir. El estilo de vida occidental y las economías de libre mercado, que por cierto son permanentemente criticado por los resentidos de oficio, terminan siendo el patrón de referencia para millones de personas. Los países y economías libres son los que proporcionan la mayor calidad de vida, progreso y bienestar a sus habitantes. Tal y como fue reseñado en un programa a propósito de los 25 años de caer el muro de Berlín, no hay casos documentados de gente que trato de pasar de occidente al lado socialista; por el contrario fueron cientos y quizás miles los que desesperadamente trataron de escapar a la libertad, unos lo lograron y otros murieron en el intento. De la misma manera sucede con los conocidos balseros cubanos. Si las personas no se sienten libres, no puede haber verdadera felicidad.

Los ambientes diversos son una gran oportunidad para las personas expandir su propia visión del mundo. La integración en ambientes diversos puede convertirse en un reto y los malentendidos ocurren, debido a las diferencias culturales y las barreras del idioma. Lo importante para la persona que llega nueva es ser observador, escuchar y no asumir nada en base a los prejuicios o estereotipos que tenemos en la mente. Hollywood no es una buena referencia para construir estereotipos; seguramente todos tenemos una imagen en nuestra mente de todos los grupos y etnias del mundo: japoneses, chinos, rusos, árabes, americanos, latinos, etc. Hollywood ha colocado algún personaje de cada una de estas culturas en nuestras mentes. Tanto de aspectos positivos como negativos y la verdad es que hasta conocer a la persona no se pueden precipitar a sacar conclusiones. También le comentamos al lector hispano, que la cultura norteamericana tiene un estereotipo para usted. Como actividad de reflexión, trate de entender cuál es el estereotipo del hispano en Norteamérica; investigue, escuche y dejaremos al lector sacar sus propias conclusiones.

Los estereotipos crean malentendidos. El reto es conocer verdaderamente a las personas y permanecer con una actitud abierta ante todo aquello que nos resulte diferente. El respeto, tolerancia y buena educación son universales y ayudaran a mantener sus relaciones laborales marchando bien. Adicionalmente y con el tiempo, garantizamos al lector que algunas personas de origen muy distinto a usted le sorprenderán por su amistad, hospitalidad y competencia en el trabajo.

Trabajar en un ambiente diverso es algo así como lo que se puede ver en la película *Star-Trek*. En el puente de mando del U.S.S Enterprise, todas las personas son diferentes una de otra. Las une la misión y los objetivos que deben lograr como equipo, pero sus origines, costumbres y aspecto son totalmente diferentes. En este caso no son solo de diferentes países, sino hasta de diferentes planetas! Los equipos diversos están aquí para quedarse, son el futuro de los ambientes de trabajo.

Tomando como ejemplo la estación espacial internacional (ISS), los equipos son altamente diversos. Este laboratorio en órbita fue construido por, Los Estados Unidos, Rusia, Canadá, Japón, 20 países de la Unión Europea y Brasil. La misión está coordinada por la NASA y el comando de la estación se turna entre las diferentes naciones. En el 2013 Canadá tuvo la fortuna de tener al Coronel Chris Hadfield como comandante de la estación; lo realmente notable de Chris fue su uso de las redes sociales y el poder de la conectividad que ellas dan, para hacer llegar a todas las personas un mensaje de ciencia, progreso y paz. Hadfield compartió miles de fotos y videos mostrando nuestro planeta desde afuera y también como es la vida en una estación espacial. Adicionalmente, lo logro hacer de una manera humana, sencilla y hasta divertida. Al final de este capítulo recomendamos la lectura de su libro, que además de tener excelentes recomendaciones, proporciona un pequeño atisbo de cómo funciona una organización norteamericana de primera línea y alto desempeño como es la NASA.

Recuerde

- La diversidad es una fortaleza para las principales corporaciones hoy en día. Utilícela y siéntase cómodo trabajando en medio de la diversidad. Aprenderá como nunca antes.
- El respeto y la tolerancia deben practicarse a diario. Abra su mente y cuestiónese todos los prejuicios y estereotipos que tenga; medite sobre

los prejuicios de su propia cultura y como esto afecta la visión que tiene de otras personas.

- Manténganse fiel y orgulloso de sus orígenes. Todas las culturas tienen algo que ofrecer. La diversidad es un tesoro de la humanidad.
- No contribuya a reforzar los estereotipos negativos; tanto como los que tengan de usted como los que usted tenga sobre los demás.

Lecturas recomendadas

- *An Astronauts Guide to Life on Earth – Chris Hadfield*

Citas para la reflexión

- *"We hold these truths to be self-evident, that all men are created equal, that they are endowed by their Creator with certain unalienable Rights, that among these are Life, Liberty and the pursuit of Happiness"* United States Declaration of Independence, July 4, 1776.

Imagen: Sioux Falls Veterans Memorial Park. Haga del respeto uno de los pilares sobre los cuales construir su conducta en la sociedad.

CAPÍTULO 6
El respeto al trabajo manual

La mayoría de los profesionales universitarios hispanos que emigran suelen ser de clases medias a medias altas. Muy probablemente van a encontrar diferencias grandes entre usted y sus colegas crecidos y educados en el norte. Las diferencias son en cuanto a la realidad social y económica en la que crecieron. En Norteamérica la vida no es fácil, hay mucho *confort* en el sentido que todo funciona, pero eso se presta a confusión cuando se analiza la realidad que viven las clases medias y trabajadoras en esta región.

Durante el primer año es recomendable conversar y sobre todo escuchar con atención como ha sido la vida de sus colegas locales. Es común ver como algunos que hoy estan en altas posiciones y que obtuvieron altos títulos de las mejores universidades de EEUU, han tenido todo tipo de trabajos. Una gran mayoría de estos profesionales tuvieron sus primeros trabajos a una edad temprana. Lo llaman trabajos de verano, "part-time", etc. Otros cuentan historias de trabajar pintando casas, plomería y barbería;

estos trabajos proporcionaron a estas personas los recursos adicionales de manutención durante la Universidad o en algunos casos hasta el dinero faltante para completar los pagos de la matrícula.

Por un momento intente trasladarse nuevamente a los años de su Universidad y recuerde cuantos de sus compañeros trabajaron para pagar sus estudios? uno, probablemente dos. La realidad en Latinoamérica es que buena parte de los profesionales y en especial los provenientes de clases medias altas no han tenido que trabajar para lograr completar su carrera. Normalmente sus padres aportaron los recursos necesarios para cubrir todos los gastos relativos a los estudios y mucho más en algunos casos.

La razón por la cual se resalta este aspecto es debido a que en Latinoamérica se tiende a pensar que estudiar este bien y no así el trabajo manual. De hecho, la manera de escapar al trabajo manual es por medio del estudio, lo cual es cierto. Sin embargo, se falla al decir que mejor que ser un vago es ser diestro, competente y emprendedor en un algún trabajo manual. También se falla en aquellos casos de personas que estudian por años y evitan trabajar ya que se considera una confirmación del fracaso. Estas se convierten en creencias limitantes para los hispanos. Lo importante es la satisfacción que tenga la persona de su actividad productiva, sentirse útil y que puede auto sustentarse de manera independiente; si adicionalmente el individuo tuvo la visión y el empuje para lograr una educación profesional en medio de estas condiciones, todo se vuelve en algo aún más loable.

Lamentablemente algunos profesionales mantienen un poco esa arrogancia al llegar, lo que limita en muchos casos la búsqueda de opciones y oportunidades en la nueva región. En ingles existe un término llamado *"entitled"*, es decir la idea de sentirse poseedor de un título el cual solo deben presentar por taquilla y les será inmediatamente reconocido y entregado los beneficios de ello. Entre más rápido la persona se inserte laboralmente, mejor serán sus probabilidades de éxito a futuro. Si esto requiere hacer un trabajo que está por debajo de su nivel profesional, no hay ningún problema y de todos los trabajos se pueden sacar aprendizajes.

Hay que tener mucho cuidado con este tema debido a que un comentario despectivo sobre el trabajo manual en frente de alguien local, puede causar ofensa, o lo que es peor, lo hará ver a usted como una persona superficial, nueva rica o que no tiene idea de lo que es el sacrificio personal como herramienta de superación. Aquí en Norteamérica el trabajo no deshonra, por el contrario es visto como algo loable y parte de la historia personal de superación de cada quien, en especial aquellos que por su propio esfuerzo pagaron su Universidad y lograron altos cargos y posiciones en el futuro. Lo que si aprovecho de recordar al lector que es una causa de deshonra son las trampas y la falta de honestidad. Es por esto que el trabajo es respetado, ya que va de la mano con la honestidad y valores familiares.

La mano de obra en Norteamérica es costosa. El lector puede hacer el ejercicio de preguntar el costo por hora de personas que limpian las casas, niñeras, plomeros, electricistas. Esto le servirá nuevamente de calibración y le servirá para ver el gran cambio que esto representa con respecto al entorno Latinoamericano.

Recuerde

- Este dispuesto a hacer todo tipo de trabajo manual sin quejarse. Si usted trabaja en áreas de manufactura es probable que tenga que hacer labores que nunca antes hizo en su país de origen. Haga todo de buena voluntad, vera que no es el único y que todo mundo sin importar su jerarquía debe ser diestro en el trabajo manual y estar dispuesto a aprender de todo.
- Practique el respeto ante todo y evite comentarios y quejas sobre el trabajo manual. Recuerde que el trabajo honesto nunca deshonra.
- Vea el trabajo manual en su propia casa de una manera distinta. Muy probablemente usted tendrá que comenzar a hacerlo frecuentemente.
- El trabajo manual puede convertirse hasta en un hobby generador de ingresos adicionales para quienes son verdaderamente diestros.
- Practique la discreción en todo momento. Nunca pregunte a las personas si tienen títulos universitarios o si estudiaron. Es común tener colegas que han logrado su posición en base a la experiencia y años de servicio.
- Lea, converse y aprenda lo más que pueda de la cultura e historia local. Lo que va a escuchar y aprender seguramente le sorprenderá.

- Haga el siguiente ejercicio y rete su propia percepción de humildad: Cuando entre a un lugar público como un restaurant, centro comercial, estación de servicio, etc. Haga un ejercicio de observación consciente de todas las personas que trabajan ahí y reflexione sobre lo importante de su labor y de si realmente usted se considera más que lo demás y si la respuesta es que si, por qué? Que le hace pensar que es más que alguien por el simple hecho de estar haciendo un trabajo en particular?

Lecturas recomendadas

- *The Classic Favourite Fairy Tales of Andersen & Grimm. Worth Press.*
- *Rumsfeld's rules: Leadership Lessons in Business, Politics, War and Life.*
- *The Imitation of Christ. Thomas A Kempis*

Imagen 1: Estatua de San Francisco de Asís, St. Claire Street West en Toronto. Haga de la humildad un reto permanente.

Imagen 2: Contador de población mundial, *Ontario Science Center*. Entre 7 mil millones de personas en este mundo, reflexione sobre qué es lo que lo hace a usted un ser especial? El gran misterio y el regalo de la vida es que realmente todos y cada uno es especial de alguna manera.

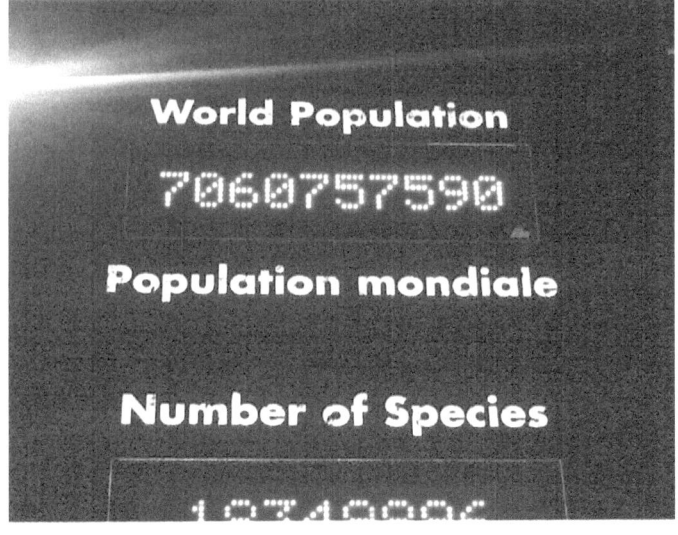

CAPÍTULO 7

El idioma, la cultura y otras cosas más

Idioma

Si estas aun en tu país de origen y tu plan es emigrar a Norteamérica, debes estar en clases o algún régimen de práctica de inglés, esto sin importar el nivel de inglés que usted considere tener. Si el lector se considera una persona de inglés avanzado, tome un curso de inglés literario, poesía y practique leyendo las obras de Shakespeare. Si se considera que tienes un inglés medio, tome un curso de inglés avanzado y si es usted un principiante estudie todos los días y tome lecciones formales fervientemente.

Tal y como lo expreso un compañero de nuestro personaje ficticio José: El inglés nunca está bien. Esto puede sonar exagerado pero la barrera del idioma es una limitación real a la habilidad de expresarse con calidad y efectividad. Esta habilidad de expresión suele hasta variar con el día de la semana y la hora del día dependiendo que tan cansado este (cansancio mental). Algunas personas se preocupan mucho por el acento, pero realmente el acento es lo de menos. Preocúpense por hablar bien, por darse a entender y estructurar sus mensajes de manera clara, directa y concisa. El vocabulario, la estructura del lenguaje y el tono son muy importantes. El acento puede ponerlo de último en la lista. Inclusive en sociedades diversas la gente entiende que existen diferentes acentos. Inclusive dentro de Los Estados Unidos, hay diferentes acentos, tales como: Noreste (Massachusetts), California, el Sur de USA o el mid-west.

Al llegar a Toronto, José busco ayuda profesional y consiguió una señora que es PhD en Ingles y se dedica a ayudar a ejecutivos que son transferidos de otras regiones. Esta especialista le ayudo a enfocar la energía en aquellos elementos de mayor importancia. Este tipo de coaching tiene un costo pero es de las mejores inversiones que la persona puede hacer una vez que llega. Muchos de estos coach de idioma ayudan a entender también la cultura. Por ejemplo, que es considerado mala o buena educación?, de que valor son los regalos de una fiesta infantil?, identificar zonas grises tales como cuales palabras son aceptadas en un ambiente de negocios y cuales palabras deber ser absolutamente evitadas. Aquí José aprendió que la palabra *bullshit*! se puede usar de vez en cuando sin que se le vea a la persona muy mal.

Cultura

El punto que requiere mayor paciencia por parte del *inmigrante* es el de la cultura. Esto incluye los deportes, los temas de conversación, los lugares donde sus colegas solían ir de vacaciones, lo que inspira, lo que entristece, el humor, etc. Toma tiempo el adaptarse a esto pero con disposición y una mente abierta todo se puede.

Imagine por un momento el lector una persona que llegue a Latinoamérica y no sepa cuánto dura un juego de futbol o cuantos jugadores tiene un equipo de béisbol. Esto le sucede a los hispanos con deportes como el futbol americano, el hockey, el *curling* (como asignación especial busquen en google lo que es el curling) y el cricket.

La experiencia de José en temas deportivos se limita al futbol y al béisbol y salvo quizás en los Estados Unidos con el baseball, el futbol no es tan popular por estas latitudes. Está ganando terreno aceleradamente pero es común escuchar comentario tales como: Si Canadá no juega en el la copa mundial cual es el gran interés de ver el torneo? esto se escuchó en la radio durante campeonato de la copa mundial de Brasil 2014. Deportes como el golf son accesibles a todo mundo y no solo a personas que tienen mucho dinero, como suele suceder en Latinoamérica. Es bastante común encontrar gente de todo nivel que juega golf sin que eso sea indicativo de ningún título nobiliario o reflejo de un poder adquisitivo mayor al normal.

Algunos autores dicen que el proceso de adaptación toma 10 años aproximadamente, es decir usted es considerado un "*new comer*" hasta que cumple 10 años en el país. A esto es necesario añadir la aclaratoria: 10 años siempre y cuando usted salió a la calle y se mantuvo activo en la sociedad, aprendiendo en todo momento y con disposición de insertarse. Se han visto casos donde alguno de los miembros de la pareja en el hogar nunca trabaja, viven en la casa y esto limita su inserción social y la retrasa. No solo sucede a los hispanos, sucede en familias muy conservadoras del medio oriente y otras partes de Asia. Algunas parejas deciden vivir dentro del llamado "gueto" por temor. No es recomendable hacerlo, las personas se pierden un mundo maravilloso allá afuera.

La estadística muestra que al estar como inmigrante dentro de los primeros 10 años se tiene un mayor riesgo que el resto de la población de caer en estado de pobreza. La pobreza está definida como un ingreso menor a cierta cantidad; conocido como el LICO (*Low income cut-off*). Las causas están relacionadas con la capacidad de inserción en los periodos iniciales.

Valores familiares, el tema de las drogas y otros peligros

En los valores familiares existen también grandes diferencias entre ambas regiones. Latinoamérica es aún una sociedad conservadora. Si bien los cambios son indetenibles, los valores familiares de los países hispanos son bastante similares entre sí. Al llegar a Norteamérica, se observan diferencias en como las familias se organizan para cada una de las diferentes etapas de la vida. Es común por ejemplo que los hijos dejen el hogar a una edad temprana, los jóvenes poseen mucha más libertad comparado con las sociedades hispanas; tal y como se comentó anteriormente los jóvenes comienzan a trabajar a tempranas edades. En relación al matrimonio, la gente tiende a postergar el matrimonio así como el tener hijos. Las familias son pequeñas de pocos miembros y cada quien vive más en lo suyo. Los ancianos viven solos y son normalmente visitados según la ubicación geográfica lo permite. No viven en sus casas por el alto costo de manutención, se trasladan a edificios de personas mayores (senior citizens), de hecho son edificios donde normalmente viven solo personas de mayor de 65 años. Las reuniones familiares suelen ocurrir en días particulares como *thanksgiving* (accion de gracias) o Navidad.

Drogas

El consumo de drogas es bastante común y se ven y escuchan historias en todo momento y a todos los niveles sociales. En la tabla mostrada abajo se muestra la prevalencia en el uso de marihuana comparativamente entre Norteamérica y Latinoamérica. Dejamos al autor sacar sus propias conclusiones:

Tabla 1: Prevalencia del uso de marihuana entre estudiantes de secundaria

Países con alta prevalencia de uso en año anterior	Países con baja prevalencia de uso en año anterior
Canadá 24%	Perú 1.9%
Estados Unidos 23%	Honduras 1%
	Republica Dominicana 1%
	Venezuela 0.9%

Fuente: Organización de Estados Americanos – *Report on Drug Use in The Americas 2011.*

La marihuana se encuentra bajo una campaña de suavización al respecto de su uso. Existen movimientos organizados que buscan legalizarla y esto ya se ha logrado de hecho en algunos estados de Los Estados Unidos.

En Norteamérica existe el uso medicinal de la marihuana en cuyo caso es recetada por médicos, pero esto no significa que sea una planta cuyo uso sea saludable para la persona. Recomendamos al lector leer la página de la Organización Mundial de la Salud y documentarse sobre los efectos adversos de la marihuana tanto a corto como largo plazo. Adicionalmente, la marihuana es la puerta de entrada a otras drogas.

Vamos a ilustrar hasta donde llega esto volviendo al mundo de José y compartir la historia de Pedro, un buen amigo de José. En los primeros días de clases, Pedro fue a conocer el colegio donde estudiaran sus hijos. Pedro vive en el mejor y más prestigioso suburbio de la ciudad. Pedro y su familia están muy felices con el cambio: la seguridad personal, los parques, lagunas con patos y todo lo que ahora podrán disfrutar. En el primer día de clases encontraron que había una patrulla estacionada frente al colegio y al acercarse a preguntar al oficial, este les dijo que estaban haciendo una campaña de concientización de drogas y estaban mostrando todo lo que se movía y consumía en los ambientes del colegio. Esto obviamente deja a Pedro y a su esposa un poco confundidos… caramba, pero… todo esto se consume en este colegio? La respuesta del oficial es que en mayor o menor medida si y que en toda la región de Toronto los niños y adolescentes pueden estar expuestos a esto y deben conocer los peligros para que ellos decidan por si mismos no consumir estas sustancias.

Aun dentro del asombro, Pedro insiste:… -bueno pero ustedes pueden traer perros entrenados y decomisar la droga, no? La respuesta del oficial puso punto final a la conversación. Señor, ya no traemos más al perro porque se para en todos los *lockers* del colegio, lo que significa que hubo marihuana en el *locker* o que hay y al final es poco lo que se puede hacer. Queda de los jóvenes el decidir no consumirla.

Es común oler la marihuana con frecuencia. Un vecino, un carro estacionado, unos jóvenes que pasaron caminando. Realmente es sorprendente y nunca en 38 años viviendo en Caracas, nuestro personaje José vio tanta marihuana. Queda la pregunta: y que más hay de lo que no se ve ni se huele?

Es necesario educar a los niños sobre esto y tener cuidado usted mismo de no caer en el consumo. Al final las oportunidades también las tendrá usted como adulto en sus 40 años y múltiples ocasiones para consumirla.

La droga destruye al individuo, ya que destruye su creatividad y su empuje de superación (su espíritu). Es un hecho documentado y hay abundantes películas e historias que lo demuestran. Todos vivimos una suerte de angustia existencial y al emigrar se producen vacíos y presiones adicionales y nuevas. Las drogas suelen proporcionar un escape fácil y efectivo a la presión y al estrés; algunas celebridades de Hollywood lo han verbalizado de esta manera: es lo único que me hace parar de pensar. Algunas personas al preguntarle, porque tú crees que la gente fuma marihuana? responden que es por la presión: "*too much pressure*", así lo verbalizo una joven amiga de nuestros personajes ficticios. Esto es una lástima ya que es infinito el talento y la vida que termina afectada debido a un fenómeno de intoxicación silente. El sufrimiento de la persona no disminuye, sino que por el contrario aumenta con el consumo de drogas; también aumenta el sufrimiento de todas las personas a su alrededor. Intente la meditación, yoga, los deportes y la relajación. Es mucho más sano, económico y sin efectos secundarios.

El renunciar abruptamente a los origines y creencias, contribuye a aumentar la sensación de vacío de la persona y suele aumentar la desorientación en la nueva sociedad. Lo duro para los inmigrantes es que siempre se sentirán un poco extraños al nuevo lugar. Otras personas lo verbalizan como "ni de aquí, ni de allá". Recuerde que el proceso de asimilación es muy lento y es el contacto con los valores, orígenes y sus creencias más profundas las que darán a la familia raíces sólidas para enfrentar todos los retos que vendrán en la nueva región, también para abrazar la nueva cultura con una perspectiva ampliada.

Cultive una atmosfera abierta y de comunicación en su hogar. Involúcrese en el colegio, en las actividades sociales de la comunidad. Mantenga a los niños cercanos al deporte, a sus creencias espirituales y al servicio comunitario. Eduque a sus hijos para la compasión y así podrán tolerar mejor sus propios sufrimientos y angustias. Tenga cuidado de la falsa sensación de seguridad, el hecho de que sus hijos no vayan a ser secuestrados o robados en su camino al colegio, no significa que estén totalmente libre de peligros. Como los refranes de sabiduría popular que escuchamos de nuestros abuelos: "En la calle no se encuentra nada bueno". Manténganse involucrado y supervise.

El medio ambiente

Con respecto al tema del medio ambiente, Latinoamérica es una zona que por su menor desarrollo no presenta niveles de contaminación tan elevados ni tan complejos. Vea el mapa del mundo y concientice de cuanta tierra existe en el norte comparada con la cantidad de tierra firme en el sur. Adicionalmente a esto, el norte es la región que se encuentra más industrializada y desarrollada.

El desarrollo hasta este momento no ha venido sin costo; si bien ha habido grandes progresos en el tema ambiental, tales como: los controles de efluentes y emisiones ambientales en los 70 y 80, la eliminación del plomo en la gasolina, la eliminación de los clorofluorocarbonos, el reciclaje, etc. La actividad industrial del ser humano sigue generando peligros importantes.

Tan solo en el último siglo hemos tenido dos bombas nucleares (Hiroshima y Nagasaki), un gran número de pruebas nucleares en Rusia y los Estados Unidos (en la época de la guerra fría y fueron cientos de ellas) y dos severos accidentes nucleares tales como Chernóbil y Fukushima. Todo esto ha sucedido principalmente en el hemisferio norte.

Reflexione por un momento, a donde ha ido toda esta contaminación? Es que realmente una nube radioactiva se va a detener en la frontera y no va a traspasar a los países vecinos? Realmente el océano pacifico es tan grande como para que se puedan tirar millones de litros de agua contaminada con cesio-134 y cesio 137 no lo vamos a recibir en las costas de California o British Columbia?

Realmente los otros seres vivos no van a recibir de alguna manera esta contaminación? Seres vivos que luego nosotros nos vamos a comer?

Cuando José llego con su familia noto que la ciudad de Toronto tiene una planta nuclear de 6 reactores ubicada en el este de la ciudad. Como parte de los programas de mitigación de riesgos de esta central nuclear existe un programa de acceso gratuito a pastillas de KI (Potasio de Iodo) a las comunidades que se encuentran en un radio de 10 Km de la central, los cuales deben ser consumidos por las personas en el evento de un accidente nuclear. Claro, al hablar de estos temas uno escucha el acostumbrado: no vale, yo no creo... pero esto es un riesgo que anteriormente era inexistente para cualquier persona que viva en Latinoamérica.

Recomendamos al lector documentarse con respecto a riesgos ambientales a la hora de comprar casas. Investigue en internet sobre las industrias que están cerca de su área. Líneas de alta tensión, vías férreas, refinerías, industrias. Hay casos documentados en internet que dan información sobre riesgos ambientales. Como ejemplo puede investigar el caso del descarrilamiento de un tren de crudo en Lac Megantic en la provincia de Quebec y como este accidente ocasiono severos daños a varias casas en la cercanía de las vías del tren. Un ejemplo, menos dramático que se puede compartir es que el ruido de un tren de carga se puede escuchar hasta a 2 km de distancia de una vía de tren. Hay casas que están a menos de 100 metros, solo separadas por un muro de concreto. Algo similar sucede con los aeropuertos y la orientación de las pistas de aterrizaje. Procure no comprar una casa donde tendrá 60 o más aviones diarios volando por encima del patio trasero a unos pocos metros de altura

Como información general, también recomendamos leer los casos documentados de contaminación de las aguas en los grandes lagos de Norteamérica. Hoy en día muchos de estos lagos se han recuperado gracias a las regulaciones y monitoreo de las autoridades. Adicionalmente los controles de emisión garantizan que las grandes metrópolis tengan un aire de mejor calidad que algunas ciudades de países emergentes.

Recuerde

- Involúcrese en las actividades de la empresa. Participe, sea voluntario, salga de las fronteras naturales de su departamento.
- Invierta tiempo en conocer a sus vecinos y colegas. Esto le ayudara a conocer a las personas, sus realidades y cultura. Practique la escucha activa
- Asista a eventos deportivos nuevos, entienda cuales son los equipos locales, fechas de inicio y fin de los campeonatos. Encontrará que esto es tema frecuente de conversación en los ambientes de trabajo.
- Haga un plan de desarrollo integral. Colóquese metas que no solo tengan que ver con su trabajo inmediato sino también con el conocer, adaptarse y apreciar la cultura local.
- Mantenga sus costumbres y sus raíces así como el contacto con su familia extendida.

- Involúcrese en los deportes, si puede practicar alguno con regularidad pues mucho mejor.
- Permanezca cercano a sus hijos, no permita el exceso de libertades. En la calle hay peligros nuevos para usted que no necesariamente está capacitado para manejar.
- Las drogas son destructivas. Háblele claro a sus hijos y evite las tentaciones. No hay otro escape al sufrimiento más que el del crecimiento y la superación interior.
- Investigue los riesgos ambientales del lugar donde piensa vivir. Existe abundante información y cantidad de recursos. Asegure eso sí, que las fuentes sean confiables. Hay muchos charlatanes también.

Lecturas recomendadas

- Man in search of meaning – Viktor Frankl
- Revistas locales – busque en las librerías publicas cuales son las revistas locales de mayor circulación, esto le dará una Buena visión de los temas relevantes en su país. busque revistas de temas variados y no tanto las revistas muy especializadas.
- Su periódico local de circulación semanal – en versión impresa. Suscríbase de ser posible, las ediciones de los sábados suelen ser las más completas.

- *Report on Drug Use in the Americas* – OAS 2011
  http://www.cicad.oas.org/oid/pubs/
  druguse_in_americas_2011_en.pdf
- *World Health Organization – Cannabis Terminology, Epidemiology and health effects.*
  http://www.who.int/substance_abuse/facts/
  cannabis/en/

Citas para reflexionar

- *"This we know: all things are connected. Whatever befalls the earth befalls the sons of the earth. Man did not weave the web of life; he is merely a strand in it. Whatever he does to the web, he does to himself" The Dwamish Chief, Sealth (Seattle), 1786 – 1866.*

Imagen: Arbol en Overlea Boulevard, Toronto. Un mundo saludable es posible siempre que exista balance entre naturaleza y civilización. Un árbol sano es prueba de ese balance.

CAPÍTULO 8

Etiqueta y buenos modales

Al llegar nuevo a la región debemos estar atentos a las costumbres locales y al debido protocolo. Norteamérica es una sociedad que puede confundir un poco al llegar. La confusión viene ya que es una sociedad libre donde se ve de todo cuanto existe en este mundo. Sin embargo, las personas que vienen a trabajar en ambientes profesionales deben recordar que los buenos modales son de máxima importancia. A continuación vamos a resaltar aquellas prácticas que resultan más contrastantes y merecen atención especial.

El uso de celulares, *BlackBerry, I-phone* en reuniones de trabajo es uno de los primeros puntos que debe atenderse. No es considerado buena educación revisar emails o estar pendiente del teléfono al entrar, durante o al final de una reunión de trabajo. Si una persona convoca una reunión de trabajo presencial no es bien recibido que el anfitrión o algunos participantes se distraigan respondiendo mensajes más importantes que las persona que tienen al frente. Está escrito en libros de etiqueta electrónica, los cuales referenciamos en el capítulo 4, que no se deben usar los teléfonos alegremente en reuniones de trabajo, tal y como se hace en Latinoamérica.

Con respecto a las redes sociales se recomienda igual observar las prácticas por un tiempo antes de proceder y comportarse como de costumbre. La sociedad norteamericana es más reservada y la gente no suele compartir tanto sobre su vida personal. Las publicaciones en redes sociales tienen que ver más con eventos sociales y otros acontecimientos. La privacidad y reserva nunca ha dejado mal a nadie, viniendo de Latinoamérica tenga especial cuidado con los temas referentes al alcohol y la rumba. En exceso puede ser mal visto; es un tema delicado. El conducir un vehículo bajo los efectos del alcohol es considerado un crimen y las personas pueden ser juzgadas penalmente por esto. La severidad de los castigos asociados al alcohol, le dará una idea al lector de cómo estos temas son percibidos.

En lo relativo a las conversaciones, los hispanos debemos poner atención a dos aspectos: 1) El tono de voz y 2) Dejar terminar de hablar a las otras personas sin interrumpir.

En relación al tono de voz, la recomendación es hablar bajo y quitar los gritos de su conducta; los hispanos venimos de culturas muy emocionales y donde el ruido mismo de los ambientes donde vivimos nos ha hecho conversar con tonos muy altos. En Norteamérica la gente habla más pausado y silencioso. Los gritos son asociados con una pérdida de control emocional. Igual atención debe prestar en cuanto a no interrumpir y dejar terminar a las demás personas antes de hablar. La práctica de la escucha activa inclusive se hace más importante al estar trabajando en inglés; el lector no quiere perderse información importante o estar siempre preguntando qué fue lo que la otra persona dijo minutos después.

Los comentarios de política, religión u orientación sexual deben ser evitados al principio. Solo luego de estar bien aclimatado y en confianza, se puede incursionar en estos temas. Las conversaciones más seguras y que la gente suele disfrutar más son el clima, eventos en la ciudad, las remodelaciones y los deportes. Por ejemplo, quien va ganando el *Stanley Cup*, El *mayor league baseball* y en el futbol americano. Una remodelación de cocina, sótanos y patio. Los lugares de vacaciones y viajes, siempre proporcionaran un tema de conversación agradable y seguro.

Con respecto a los dramas y penurias de los países de origen, la recomendación es también evitarlos. La gente no entiende, se muestra confundida y al final eso termina siendo publicidad negativa para usted mismo. No hable mal de su país, siempre resalte lo bueno y trate de crear asociaciones positivas hacia su país. Recuerde, usted es un embajador de su país aunque no lo quiera y quizás pueda ayudar a entender a las personas que no todo es lo que parece o no todo es como lo muestran los medios de comunicación. Desligarse total y bruscamente del país de origen puede causar desorientación y depresión en la persona ya que esto no necesariamente acelera la asimilación en la nueva cultura.

Patriotismo

Un punto muy sensible en los países del norte es el relativo al patriotismo. Recuerde que la gente en Norteamérica ha peleado en la primera y segunda guerra mundial, Vietnam, el golfo y muchas otras. Esto significa abuelos, padres, hijos, tíos y hermanos que han ido a la guerra. Hay familias que han dado la vida de seres queridos por su país. El patriotismo no es tomado a la ligera. En Canadá existe una fotografía famosa de un niño que se separa de su madre para ir a despedir a su padre que se va a la guerra (*wait for me daddy*), en Estados Unidos la foto de *raising the flag on Iwojima* o más recientemente el *Flag of Honor 9/11*, una bandera de Los Estados Unidos hecha con los nombres de las personas que perecieron en el ataque del 11 de Septiembre. Estas fotografías son parte de la cultura y memoria colectiva, ejemplifican el énfasis al cumplimiento del deber por encima del beneficio propio y el sacrificio personal para el logro del bien común. También recuerdan que la libertad no está garantizada y siempre se debe estar dispuesto a defenderla, so pena de perderla en caso de no hacer nada.

Jerarquía organizacional

La jerarquía organizacional es mucho más estricta y formal en las organizaciones del norte. Cuando decimos estricta nos referimos al hecho de que se tiende a seguir fielmente las líneas de mando, líneas de comunicación y roles. La cadena de mando se respeta estrictamente y es raro ver al presidente o CEO interactuando con personas en los niveles más bajos de la organización. Adicionalmente no se espera que la persona opine de áreas que no son su área principal de experticia o si está relacionado con el rol.

En mercados de rápido crecimiento, dinámicos y culturas un poco más relajadas vemos como es común más interacción a través de los distintos niveles de la organización. Esta interacción es frecuente en Latinoamérica y se da de muchas maneras. Estas interacciones ayudan a construir cercanía con la organización; los profesionales hispanos verán que esto no es común en Norteamérica.

Recuerde

- Los buenos modales nunca dejan mal a nadie. Preste atención a las costumbres, investigue y lea. Esto le hará su vida más fácil. Siempre será mejor pecar de exceso que de defecto de modales.
- Evite ser percibido como confianzudo o indiscreto, es muy mal visto. Probablemente no le dirán nada, simplemente poco a poco terminara excluido.
- Preste especial atención a la jerarquía en la organización. Quien es quien y cuál es la razón de ciertas personas que atienden a las reuniones. Siga las líneas de comunicación y evite saltar las jerarquías.
- Considere que no hay separación entre su imagen en el trabajo y su imagen personal en las redes sociales. Sea reservado y asuma que todo lo publicado puede ser visto por su jefe, algún colega, clientes o proveedores.

- Lea la historia del país donde vive. Entienda cuales han sido los logros, aciertos y las historias más relevantes para su región. Le ayudaran a entender muchas cosas de la cultura y también el por qué algunas cosas son como son.

CAPÍTULO 9

Salud y bienestar

Emigrar no es un proceso fácil a pesar de que al principio suena como que usted se ha sacado la lotería. Usted se encontrara fuera de su zona de confort y todo aquello que le proporcionaba sensación de seguridad y autoestima, desaparece. Encontrará gente que no puede pronunciar su nombre o gente que asume, por lo mismo de los estereotipos, que usted no tiene el nivel requerido para estar donde está. Esto no solo le pasará a usted, le pasara a su esposa e hijos si emigró con su familia. Es importante recordar que el proceso de cambio lo viven todos los integrantes cada uno desde su punto de vista.

La fuerza que todo lo mueve y lo logra es la del amor, el crecimiento y la superación personal. Es conveniente refrescar con frecuencia la razón de haber emigrado así como esa visión de futuro que se quiere alcanzar. La fuerza que mueve a las personas es la búsqueda de un futuro mejor para ellos mismos y sus hijos. Esta es la frase más común que se escucha en todos los inmigrantes, entonces esa debe ser la prioridad.

La prioridad es salir adelante y lograr el éxito en aquellas cosas que son verdaderamente importantes en Norteamérica. El foco de las personas debe estar en lograr *"game-changers"*, es decir aquellos logros que harán la mayor diferencia dentro de 10,15 o 20 años. Un carro, una casa, lo puede comprar cualquiera y no cambia en nada las probabilidades de éxito.

Las mejores apuestas que la persona puede hacer en Norteamérica es a le educación, a la integración cultural y el aporte de valor a la nueva sociedad. Es necesario poner la creatividad al máximo y meditar sobre qué es lo que usted trae para ofrecer, que es lo que va a aportar. Es común escuchar como muchas personas vienen con una actitud opuesta, llegan con listas de lo que quieren recibir y vienen a pedir. Lo que se puede tener por seguro al tener esta actitud es que lo que viene más tarde es la frustración.

Cuando las personas viven fuera de su país se comienzan a dar cuenta de las grandes cosas que los hispanos tenemos que ofrecer. Nuestra cultura tiene aspectos maravillosos y que algunos de ellos son necesitados en otras regiones. La clave es pensar sobre que tengo yo que ofrecer? Que fue lo que vine a traer a este lugar? Esto permitirá a la persona salir de la trampa de la mentalidad tipo mendigo inconforme, que siempre vive en estado de amargura y frustración porque nunca recibe suficiente. Al conocer sus fortalezas y dones, la persona logra por arte de magia, cambiar la dinámica y el individuo se logra empoderar a sí mismo. Todos tenemos un talento dado por Dios, entonces quizás este es el momento de sacarlo a relucir sin prejuicios. Formularse esta pregunta también ayudara a saber si se está en el lugar correcto y aquello que la persona tiene para ofrecer es realmente necesitado en el lugar donde está, de lo contrario lo mejor es confiar y ser flexible para hacer lo necesario o simplemente mantenerse en movimiento.

Existe una frase célebre de J.F. Kennedy que dice no preguntes que va a hacer tu país por ti, pregunta que vas a hacer tú por tu país. Esta frase es un buen ejemplo de cuan valorada es esta actitud en Norteamérica.

Balance familiar

Debido a la gran competitividad del entorno, es común trabajar largas horas y en algunos casos hasta estar fuera de casa por motivos de viaje. Bajo estas circunstancias el balance familiar se puede romper fácilmente debido a los niveles de stress y presión económica. Si usted es el que está liderando el proceso migratorio, lidere. Considere que todos necesitan apoyo en algún momento y que mantener una familia unida es la mejora apuesta para alcanzar el éxito. Recuerde que el éxito vendrá en el mediano o largo plazo. Es necesario colocar los recursos necesarios para que su esposa e hijos vayan adaptándose y creciendo progresivamente. Es una gran experiencia para todos, pero no sin sacrificios. Planifique entretenimiento y diversión, sea creativo y diviértase en el proceso.

Se encuentra usted entonces en una tierra nueva y desconocida. Un lugar lejano y extraño, ya logro un objetivo importante que es el de reubicarse en un momento particular donde quizás lo necesitaba. En sí mismo esto es un gran logro, pero no es el final de la película. Podemos decir que la película apenas comienza.

Todos tenemos diferentes razones para decidir emigrar. Las razones más comunes que se pueden escuchar son: la guerra, la pobreza, recesión económica y el comunismo (en todos los nombres bajo los cuales suele disfrazarse).

Salud

La salud merece atención especial desde el primer día. Sus niveles de stress pueden ser más elevados que antes, debido al proceso de cambio. La gran oferta de bienes hace que muchas personas al llegar suban de peso, cambien hábitos alimenticios y tengan problemas de sobrepeso.

Es necesario mantener los chequeos de salud anuales, en especial durante los primeros tres años. Tal y como comentamos en la sección del medio ambiente, hay nuevos peligros que merecen atención y pueden ocasionar un *"game-over"* por temas de salud.

Existe gran cantidad de recursos que las personas pueden acceder para tener estilos de vida saludables. Las ciudades son más civilizadas y seguras, entonces se pueden disfrutar de parques y actividades al aire libre que no tienen un costo adicional.

La cantidad de libros, videos, *audio-books* para temas relativos a actividad física es sorprendente. Recomendamos al lector mantener las cosas simples y como mínimo tratar de caminar al menos 1 hora diaria. En este tiempo se puede incluir los tiempos de ir y venir del trabajo, usar el transporte público o buscar los niños al colegio. Luego con el tiempo, se puede participar en actividades deportivas con un grupo de personas que compartan sus mismos intereses: corredores, ciclismo, futbol, béisbol, hockey;

esto además de las ventajas físicas es muy beneficioso ya que se comparte con amigos, los hobbies e intereses comunes.

Preste también atención al sueño y asegúrese de estar durmiendo lo suficiente cada día.

Salud mental

La salud física se puede medir generalmente en números de un examen de sangre, peso, capacidad pulmonar. Sin embargo, como podemos saber el estado de la salud mental? Osho comenta en uno de sus libros: la mente es más frágil que el cuerpo, lo cual demuestra lo necesario de prestar atención a nuestra salud mental. Entonces quizás el indicador de salud mental que está más al alcance de todos es preguntarnos cómo nos sentimos. Nos sentimos felices? Estas tranquilo? Estas alegre? Haga esta pregunta a inmigrantes hispanos en Norteamérica: cómo te sientes? Algunos te responden con una catedra de que hay mucha seguridad, calidad de vida y limpieza en las calles. Realmente respondieron a tu pregunta? Realmente están más felices ahora que antes? Están motivados a alcanzar metas superiores? Se sienten llenos de energía? o por el contrario, siempre cansados, resignados a un trabajo que no les gusta o simplemente desmotivados. Hay muchos que sí están felices, pero no así otros. Entonces, la pregunta se la deben hacer con frecuencia, como me siento? No con el objetivo de mortificarse, sino con el de reflexionar y hacer cambios que lo lleven a sentirse mejor. El ignorar forzadamente los sentimientos tiene efectos acumulativos que suelen desencadenarse tarde o temprano en la forma de crisis de salud o depresión. Recuerde la célebre frase de Hemingway que hace alusión a las dos fases para caer en bancarrota, gradualmente y luego súbitamente. Así sucede con los temas de salud también, se pierde gradualmente y luego nos vemos súbitamente afectados, cuando suele ser tarde o más complejo de solucionar. Pregunte y vera que hay bastantes casos en su entorno, le aseguro que serán muchos más de lo que nunca imagino antes de mudarse a la tierra prometida. Escuche la radio y preste atención a la publicidad orientada a atender problemas de salud mental, especialmente cuando comienza el invierno. Viaje en el *subway* y vea los letreros que dicen: llame a este número si está pensando en suicidarse. Los países con inviernos largos suelen tener un componente adicional relacionado con la falta de luz, el frio y el encierro prolongado, esto es un fenómeno científico y estudiado; también hay técnicas para minimizar el efecto. Hacer ejercicio con frecuencia, participar en actividades al aire libre, trabajar, salir de la casa, compartir con amigos y mantener sus costumbres del país de origen son antídotos contra los problemas mentales y reducen los riesgos. Por el contrario, el aislamiento, el no querer cambiar, el sedentarismo, el alcoholismo y las drogas suelen aumentar los riesgos.

Las personas realizan grandes esfuerzos y sacrificios para permitirse un nuevo comienzo, para ser libres. Emigrar es una aventura pero no está libre de sufrimientos. Como lo establecen algunas filosofías orientales como el Zen, el único camino para liberarse del sufrimiento es la transformación interior y asi dejar surgir la verdadera naturaleza que todos llevamos dentro, que es una libre de ignorancia, llena de paz y amor; o como lo dijo Jesús, simplemente abandonen todo lo que tienen y síganme, abandono que se ejemplifica también en la frase: carguen su cruz y síganme. En todos los casos implica es el abandono a las múltiples necesidades, prejuicios y cargas que llevamos por decisión propia, originadas en nuestra propia ignorancia y visión limitada de la vida.

La cruz la llevamos cada uno de nosotros y no se queda en la otra orilla, al otro lado del mar en su país de origen; se vino en la maleta aunque no estén conscientes de haberla empacado.

El amor, el deseo de superación y el arte de vivir y apreciar lo bueno de todas las situaciones es lo que terminan haciendo del hombre o la mujer algo mejor y más grande de lo que ellos mismos imaginaron. También abrirnos a las otras personas que encontramos en el camino que con su amor, amabilidad y su *kindness*, serán las mejores ayudas para seguir adelante. El mantener una visión positiva del futuro, un espíritu emprendedor y la paciencia de un sembrador, le permitirán alcanzar su sueño.

Siempre que exista vida y libertad, todo es posible.

Recuerde

- Tome sus vacaciones, no acumule los días para años siguientes.
- Mantenga un estilo de vida saludable: dieta balanceada, no fume y haga ejercicio regularmente.

- El vivir en apuro constante es una fuga de energía vital. No asuma cargas mayores a las que puede llevar.

- Dedique tiempo a escuchar los temas que inquietan a todos los miembros de la familia. La comunicación es importante y a la vez el más grande reto en las relaciones personales al momento de emigrar; busquen maneras creativas de favorecer la comunicación.

- Proteja el bienestar de la familia y el suyo propio. Repártanse las cargas en el hogar. Eviten los desbalances, todos los miembros deben contribuir por igual a construir el nuevo proyecto de vida.

- Como dijo Jesús, no solo de pan vive el hombre. De la misma manera, un inmigrante no solo vive de hacer mercado, caminar con seguridad en la calle y disfrutar de servicios públicos confiables. Recuerde que la vida requiere de una motivación y un sentido de propósito, de una conexión con Dios. Si la pierde, búsquela y encuéntrela; es un asunto individual, si esta donde esta es por alguna razón.

Citas para la reflexión

> *"Life is a journey not a destination"*
> Ralph Waldo Emerson, 1803 – 1882.

Imagen: Blue Water Bridge desde Point Edward, ON. Frontera entre Los Estados Unidos y Canadá.